Schöne Geschäfte
Außergewöhnliche Läden in Hamburg

Mathias Thurm

Schöne Geschäfte

Außergewöhnliche Läden in Hamburg

Mathias Thurm

JUNIUS

Vorwort

Rationalisierung? Renditedruck? Expansion? Für die Hamburger Geschäfte in diesem Bildband ist das kein Thema, denn sie haben ein konkurrenzloses Angebot, und ihre Inhaber und Inhaberinnen sind niemandem rechenschaftspflichtig als sich selbst. Mit Originalität, kompromissloser Spezialisierung, handwerklichem Können und ästhetischem Eigensinn schlagen diese neuen und alteingesessenen Hamburger Geschäfte den Gesetzen des Einzelhandels ein Schnippchen. So unterschiedlich die Läden und ihre Inhaber auch sind, eins unterscheidet das „Lockengelöt" und das „Milchmädchen" genauso wie die seit Generationen in Familienbesitz befindliche Konditorei und die Fischhandlung in diesem Buch von den vielen gesichtslosen Läden, die das Bild der Städte bestimmen: Sie kennen ihre Kundschaft und ihre Lieferanten, geben gern Auskunft über ihre Waren – und sie lieben, was sie tun.

Autor und Verlag

Die Kleine Konditorei

Schlangen für Schnecken

Wer die Kleine Konditorei an der Lutterothstraße in Eimsbüttel betritt, sollte etwas Geduld mitbringen. In der Regel muss man sich in eine lange Schlange von Kunden einreihen. Aber wie das mit Schlangen so ist: Sie bilden sich nur dort, wo es etwas Begehrenswertes gibt. Das ist auch in der Kleinen Konditorei so. Deshalb kommen die Kunden gern, auch wenn sie anstehen müssen.

Dabei ist das Erfolgsrezept eigentlich ganz einfach. Inhaber Tjark Meyer hat eine tiefe Abneigung gegen jede Geiz-ist-geil-Haltung. Er setzt auf hochwertige Rohstoffe, traditionelle Rezepte, von Hand gefertigte Backwaren, die Freude an den Produkten und die Begeisterung für neue Ideen. So wird mit

neuen Rezepten so lange herumexperimentiert, bis etwas dabei herauskommt, das bei allen Mitarbeitern die Geschmacksprobe besteht. Tjark Meyer: „Das kann manchmal Wochen dauern, da alle Meinungen berücksichtigt werden. Diese Freude an den Produkten überträgt sich dann schnell auf unsere Kunden. Für deren Produktwünsche haben wir immer ein offenes Ohr. Aus dem Wunsch *Könnt ihr nicht mal was Handliches herstellen, das dem Honig-Walnusszopf ähnlich ist?* sind unsere legendären Honig-Walnuss-Schnecken entstanden."

Tjark Meyer führt die Familienkonditorei schon in der vierten Generation. 1898 machte sich sein Urgroßvater Heinrich Meyer in der Nordheide als Bäcker selbständig. 1964 zog es Enkel Gerd Meyer und seine Frau Bärbel, die auch aus einer traditionsreichen Bäckerfamilie stammt, in die große Stadt. Sie übernahmen die Konditorei von Wilhelm Eschermann in der Lutterothstraße und gaben ihr den Namen „die kleine konditorei". Seit 1995 führt ihr Sohn Tjark Meyer den Betrieb mit seiner Schwester Britta. Auch die nächste Generation steht schon bereit. Nach dem Ende seines betriebswirtschaftlichen Studiums wird Brittas Sohn Wanja Weskott seine Arbeit in der Kleinen Konditorei beginnen.

Mützenmacher Eisenberg

Immer gut behütet

Für Nicht-Hanseaten sehen sie alle ziemlich gleich aus, die typischen Hamburger Kopfbedeckungen, die oft leichtfertig und undifferenziert als „Elbsegler“ bezeichnet werden. Doch Eingeweihte wissen: Es bestehen feine Unterschiede zwischen den verschiedenen Modellen der traditionellen dunkelblauen Schirmmützen. Am deutlichsten unterscheiden sich noch die flachen Elbsegler und die hohen Prinz-Heinrich-Mützen. Bei Lars Küntzel, dem letzten Hamburger Mützenmacher, bekommt man allein achtzehn verschiedene Ausführungen. Sie haben Namen wie Altona, Altstadt, Reepschläger, Hamburg oder Kiel. Auch ein weißes Exemplar ist darunter, die Alte Fock.

903
54
309/57
309/56 Ia

Zu den prominenten Kunden zählen Ex-Kanzler Helmut Schmidt und der ehemalige Bürgermeister Henning Voscherau. Ein altes, mit Widmung versehenes Foto an der Wand verrät, dass auch Boxerlegende Max Schmeling seine Kopfbedeckungen bei Eisenberg kaufte. Andere traditionsbewusste Hanseaten, vom einfachen Hafenarbeiter bis zum wohlhabenden Kaufmann, schmücken sich ebenfalls gern mit den Kopfbedeckungen von Eisenberg. In seiner engen Werkstatt fertigt Küntzel alle seine Mützen von Hand, viele nach Maß und individuellen Wünschen. Auch die Wagenmeister vom Hotel Vier Jahreszeiten lassen sich von Eisenberg „behüten“.

Gegründet wurde der Laden an der Steinstraße 1892 von Walther Eisenberg. 1992 hat Lars Küntzel das Geschäft von Claus Eisenberg übernommen, der es in dritter Generation geführt hatte. Küntzel hatte oft seinen Vater begleitet, der bei Eisenberg Kunde war. Als dieser einen Nachfolger suchte, ermutigte Vater Küntzel seinen Sohn, in das Traditionsgeschäft einzusteigen. Lars Küntzel gefiel die Idee. Ein Jahr lang ließ er sich von Claus Eisenberg in die Kunst des Mützenmachens einweihen, seitdem steht er allein in Werkstatt und Laden und führt die alte Tradition fort. Bewacht lediglich von seinen zwei treuen Begleitern, den französischen Bulldoggen Paula und Donald.

Scherben-Klinik

Erste Hilfe für die Kaffeetasse

Als die Scherben-Klinik 1935 von Ernst Lampe, dem Vater des jetzigen Inhabers Arne Zimmermann, gegründet wurde, zählten vor allem Hotels und Restaurants zu den Kunden. Sie schmissen ihr zerbrochenes Porzellan damals nicht einfach weg und ersetzten es durch neues, wie heute allgemein üblich, sondern ließen es aufwendig reparieren. Auch Privatleuten war die Wegwerfmentalität zu der Zeit noch völlig fremd. Das hat sich grundlegend geändert. Deshalb hat das Geschäft, das sich seit 1961 am jetzigen Standort befindet, auch schwierige Zeiten durchgemacht. So war nach dem Tod des Vaters 1988 die Zukunft der Scherben-Klinik zunächst ungewiss. 1997 hat Arne Zimmermann den daniederliegenden Betrieb nach reiflicher Überlegung

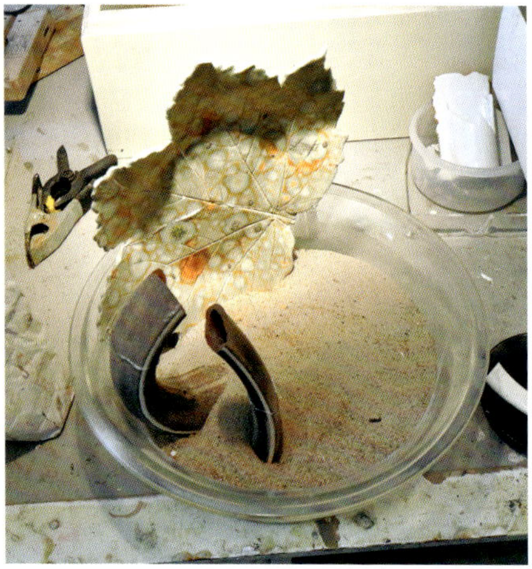

für fünfhundert Deutsche Mark gekauft und wieder zu neuem Leben erweckt.

Es seien heute weniger die teure Meißen-Figur oder die wertvolle Ming-Vase, die zur Reparatur abgegeben werden, sondern eher Stücke mit persönlichem Erinnerungswert oder einfach ein Urlaubsmitbringsel, das den Flug nicht heil überstanden hat. Repariert wird fast alles aus Porzellan, Keramik, Glas, Kristall, aber auch aus Gips, Marmor und anderen Mineralien.

Alle Patienten werden mit großer Geduld und Sorgfalt behandelt. Die Bruchflächen werden von Schmutz, Fett und altem Kleber gereinigt, erwärmt, in Sand ausbalanciert und mit Kunstharz zusammengefügt. Die zusammengesetzten Scherben härten dann im Ofen bei etwa einhundert Grad aus. Anschließend werden die Teile von überschüssigem Harz gereinigt. Fehlende Teile und Splitter werden mit Kunststoffen nachgebildet oder ausgefüllt, feinverspachtelt und mit feinem Pinsel originalgetreu nachgemalt. Von eigenen Reparaturversuchen rät Arne Zimmermann seinen Kunden ab. Bei billigen Teilen lohne der Versuch nicht, weil in dem Fall auch die fachgerechte Reparatur nicht viel kostet. Bei wertvollen Stücken könne man damit eine fachgerechte Reparatur erschweren oder sogar unmöglich machen.

Retube

Neues aus alten Schläuchen

Björn Claßen ist passionierter Mopedfahrer. So kam der gelernte Herrenschneider und Diplomingenieur für Bekleidungstechnik nach drei frustrierenden Jobs in der Bekleidungsindustrie auf den Schlauch. Er machte sein Hobby zum Beruf und sich mit Retube selbständig. „Die Idee einer eigenen Marke entstand, nachdem ich meine erste Tasche aus den gebrauchten Schläuchen meiner Mopeds genäht hatte. Der Markenname steht für Recycling und Schlauch, englisch *tube*", erklärt Claßen. In einem winzigen Laden in Ottensen stapeln sich seitdem ausgediente, zum Teil geflickte Schläuche jeder Art und Größe. Sie stammen von Fahrrädern, Mopeds, Motorrädern, Autos und Traktoren.

Retube
Taschen und Accessoires aus Schlauch...

Für Björn Claßen sind sie wertvoller Rohstoff. Er fertigt daraus mit seiner Nähmaschine Taschen aller Art, Portemonnaies, Korsagen und sogar Hüte und Kappen. Meist handelt es sich um Unikate und individuelle Maßanfertigungen. Dabei kombiniert Claßen die Schläuche mit Materialien wie Leder sowie Seidenfutter und Metallbeschlägen. „Durch die Verwendung von Schläuchen, die entwickelt wurden, um den Belastungen von Autobahn und Straße standzuhalten, sind meine Produkte nicht nur umweltschonend und schön anzusehen, sondern auch robust und wetterfest. Vegan, aber nicht Müsli, sozusagen“, beschreibt der Designer die Vorzüge seiner Entwürfe. Dadurch seien die Produkte von Retube genauso individuell und einzigartig wie ihre Käufer, „die klimabewussten Speerspitzen urbanen Lifestyles“, wie Claßen es formuliert.

Seine jüngste Idee ist ein Schlüsselanhänger und Hamburg-Souvenir: das Schlauchboot. Dafür schneidet er aus einem Fahrradschlauch den Teil rund um das Ventil heraus, so dass die Form eines Dampfers entsteht, dessen Schornstein das Ventil bildet.

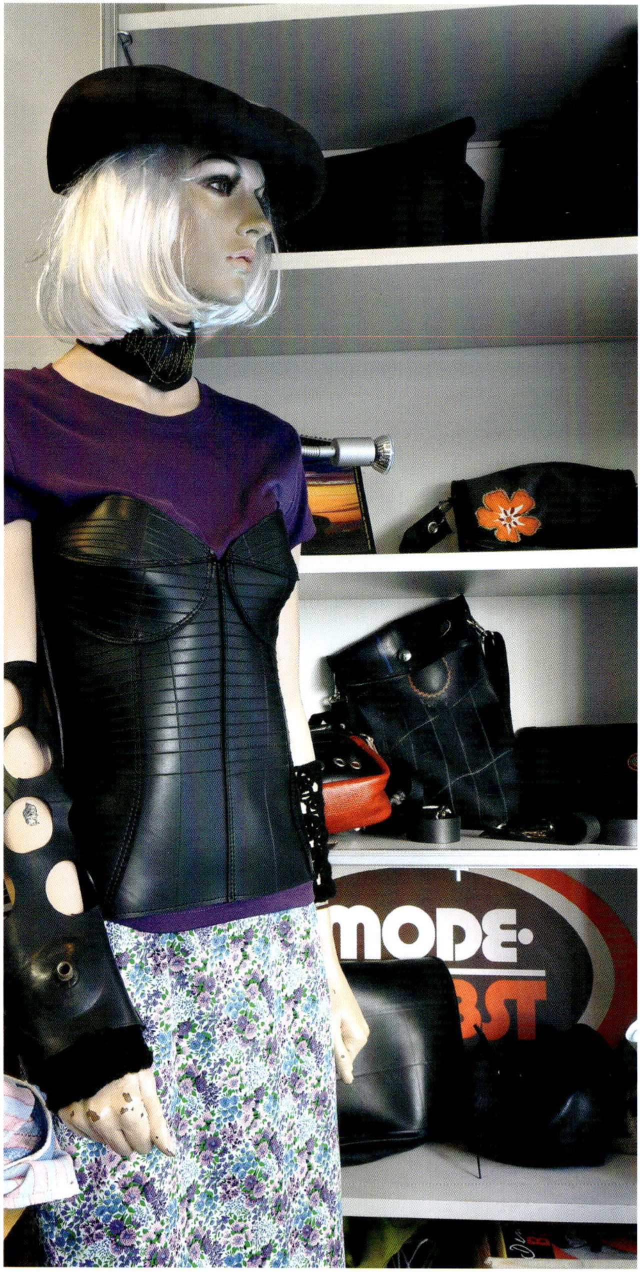

Schneider Alex

Das doppelte Schneiderlein

Großes kommt manchmal auch ganz klein daher. Die Ladenfassade von Schneidermeister Alex an der Brigittenstraße ist nur etwa drei Meter breit. Auch im Ladeninnern und in der Werkstatt ist nicht viel Platz. Und doch werden hier ganz besondere Anzüge, Kostüme, Hosen, Sakkos und andere edle Kleidungsstücke von Hand gefertigt. Im Vorraum, der zum Maßnehmen dient, verraten die wunderschönen alten Wandkacheln, dass das Geschäft in den dreißiger Jahren des vorigen Jahrhunderts einmal als Milch- und Käseladen eröffnet wurde. Tradition und Stil prägen nicht nur die Räume, sondern auch den Anspruch der Schneiderei.

FR. DR.

Für Alex!
MANUEL MUERTE
MERCI!
OSCAR ORTEGA SÁNCHEZ

Alex ist nicht nur der Hausschneider für den Hamburger Designer Herr von Eden. Dankesschreiben mit persönlicher Widmung von Schauspielern wie Armin Rohde, Tatortkommissar Dietmar Bär oder Gustav Peter Wöhler zeugen davon, dass auch prominente Einzelkunden mit der Arbeit des Schneiders sehr zufrieden sind. Auf einem gerahmten Foto an der Wand, das die Köchin Sarah Wiener und den Schauspieler Peter Lohmeyer als frisch vermähltes Paar zeigt, steht mit dickem Filzstift geschrieben: „... denn Kleider machen Leute, vielen Dank Alex! Sarah und Peter Lohmeyer“

Ob es sich bei Alex um einen Vor- oder Nachnamen handelt, verraten die Schneider nicht. Die? Ja, richtig. Alex, das sind nämlich zwei. Die aus Umgarn stammenden Zwillingsbrüder firmieren gemeinsam unter dem Namen Alex. Dass sie sich einen Vornamen teilen, der zugleich ihr gemeinsamer Nachname ist, mag als Zeichen ihrer Bescheidenheit gelten. In ihrer Arbeit konzentrieren sie sich auf das Wesentliche. Sie verfügen weder über eine Homepage oder E-Mail-Adresse, sie besitzen nicht einmal einen PC oder ein Fax. Dafür spielen sie ab und zu zur Entspannung auf ihrer kleinen Orgel, für die sie in einer Ecke ihrer winzigen Werkstatt noch einen Platz gefunden haben.

Brunos Käseladen

Alles Käse

Die alteingesessenen Läden in der Schanze sind in den vergangenen Jahren fast alle vertrieben worden. Eine junge Szene mit hippen, teuren Boutiquen, trendigen Konzeptläden, Fastfoodbuden und Flaschenbierkneipen bestimmt heute das Bild zwischen Sternschanze und Schulterblatt. Einer der wenigen, die den Wandel überlebt haben, ist Bruno Blockus. Seit dreißig Jahren wird in dem schmalen Laden am Schulterblatt 60 Käse verkauft. Seit siebzehn Jahren steht Bruno hinter dem Tresen.

In und auf der gläsernen Theke drängen sich rund einhundertfünfzig Käsesorten: alte und junge, harte und weiche, würzige und milde, kleine Ecken und große Wagenräder. Auf handgemalten Kärtchen ste-

Belegen
Belegen
Old Friends
Old Friends
Old Friends
BERGSENN

hen ihre Namen: Tomme de Brebis, Bio-Bergkäse, Vacherin und Blue Stilton, Rohmilchkäse von Kühen, Schafen und Ziegen. Der enge Verkaufsraum ist erfüllt von der Vielfalt der Gerüche. Da fällt die Entscheidung manchmal nicht leicht. Um ein wenig nachzuhelfen, schneidet Bruno gern hier und dort eine Ecke ab, reicht sie mit der Messerspitze zum Probieren über die Theke und erklärt das Wichtigste über Herkunft, Herstellung, Alter und Geschmack. Gern kaufen die Kunden bei ihm auch Eier von freilaufenden Hühnern, die Bruno von einem Bauern aus der Region bezieht.

Auch wer zu seinem Käse einen Wein sucht, bekommt von Bruno die passende Empfehlung. In seinem Regal findet man vor allem deutsche und französische Gewächse. Im Sommer baut Bruno vor seinem Laden einfache Holztische und Bänke auf und macht sein Geschäft zu einer Art Häckerwirtschaft. Zum Wein gibt es dann nicht nur Käse, sondern auch selbstgemachte Flammkuchen. Wenn dann an lauen Sommerabenden das Leben am Schulterblatt brummt und brodelt, ist Bruno mittendrin.

Ziege-Schaf
sehr kräftig
1,99

Vorarlberg
Weinkäse
100g
1,99 €
Manchego
im Rosmarinmantel
100g
Ziegenrolle
mit Pfeffer
Weißlacker

Lockengelöt

Schallplatten zu Wandleuchten

Was verbirgt sich hinter dem Namen „Lockengelöt“, und was ist eine Gelötemanufaktur? Mit einem Lötkolben hat der Name jedenfalls nur am Rande zu tun. „Lockengelöt bedeutet irgendetwas Technisches, das man nicht so recht beschreiben kann“, erklärt Dennis Schnelting: „Der Begriff stammt aus einem Telefonstreich der Hamburg-Komödianten Studio Braun, hat sich in unsere Sprache gemogelt, bis irgendwann einfach feststand, dass wir unser Geschäft so nennen.“

Originell sind auch die Produkte, die er gemeinsam mit seinen Kompagnons Carsten Trill und Michael Braak entwirft und in Handarbeit produziert. Unter dem Leitgedanken „Zweckentfremdung und Recyc-

12
3
6
SEITE B
C 27 060
STEREO
VINYL-KRONOMETER
Wanduhr aus Schallplatten
Zeitabspielgerät: 2/24/86400 rounds-per-day. Die Ziffern werden sehr vorsichtig in das Vinyl eingeschmolzen.
Gerne auch mit Deiner Kratzer-Schallplatte (Dauer: 14 Tage)
Design: Carsten Jägering
Material: 1 LP
Verschiedene Plattenlabel
Durchmesser: 30,5 cm Tiefe: 4 cm
AA-Batterie, nicht enthalten
35,-

Hasso
Allerleirauh
Das Paradies der Diebe
SCHLÜSSELROMAN
Schlüsselbrett aus Büchern
Manche Bücher schlägt man ja doch nie wieder auf, deshalb hier
die besonders fest vernietete Lösung mit gleich vier Haken: Für
Schlüssel, Tücher und Sonstiges. Als Material dienen ausran-
gierte Hardcover-Bücher aus Hamburger Buchhandlungen.
Oder Dein Lieblingsbuch, zum selben Preis und am selben Tag.
Ludwig Finckh
Deutscher Volksverlag München
Lars Hansen
Die weiße Hölle
Verräter
Erinnerungen an
Matthias Claudius
Von seiner Enkelin
Agnes Perthes

LOCKENGELÖT
DIE GELÖTEMANUFAKTUR
TURN YOUR LIGHTS DOWN LOW
zuhause
PLATTENTELLER
DIE WIES
das war's

ling von Alltagsgegenständen“ werden alte Ölfässer zu Schranksystemen, farbige Schallplatten zu Wandleuchten oder Bücher zu Schlüsselbrettern. Jedes Produkt bringt seine eigene Geschichte mit und erhält bei Lockengelöt eine völlig neue Funktion.

Genauso geistreich sind auch die Namen der Produkte. Verformte Vinylscheiben werden zu „Plattentellern“ oder „Schallschalen“. Wenn daraus eine Handtasche entsteht, ist das ein „Tonträger“. Auch Wanduhren, Leuchten und einen Halter für Küchenrollen („Rock and Roller“) fertigt Lockengelöt aus alten Schallplatten. Als Korkenzieher oder Flaschenöffner zweckentfremdete Kickerfiguren heißen „Fallrückzieher“ und „Biergrätsche“. Bestseller sind die „Schlüsselromane“: Alte Bücher werden fest vernietet, mit Haken versehen und dienen dann zur Aufbewahrung von Schlüsseln, Tüchern oder Gürteln. Die Bücher stammen aus Buchhandlungen oder von den Hamburger Sperrmüllaufbereitern „Stilbruch“. Außerhalb der Öffnungszeiten kann man sich kleinere Teile aus einem „Gelötomaten“, einem alten Warenautomaten an der Außenwand des Ladens, ziehen.

In sehr unregelmäßigen Abständen lädt das Lockengelöt zu Ladenkonzerten oder „langweiligen Vorträgen“. Erstere werden bald auf einem Vinyl-Doppelalbum erscheinen. Zu den Highlights der Vortragsreihe gehören sicherlich der Edelsteinspezialist aus Antwerpen, der über Diamanten referierte, oder der Vertreter der Lufthansa Technik, der einen Triebwerk-Reparaturservice vorstellte. Inzwischen beliefern Lockengelöt außerdem etwa sechzig Geschäfte in Deutschland und Europa, und all das entsteht in diesem kleinen, wunderbaren Laden in St. Pauli.

Original Veddel

Hosen für ein halbes Leben

Durch Zufall hat sich bisher noch kein Mensch in den Laden von Carsten Paulsen verirrt. Der Niedergeorgswerder Deich auf der Veddel ist schließlich alles andere als eine Lauflage zum Shoppen. Das macht aber nichts. Die Kunden von Original Veddel kommen sowieso meist von weit her. Sie wissen genau, was sie wollen, und sie wissen, was sie erwartet. Und das seit 1962, als Reinhold Paulsen seinen Laden mit eigener Näherei für Zunft-, Motorrad- und besonders strapazierfähige Feizeitkleidung eröffnete. Heute führt Sohn Carsten das Geschäft. An der Mode hat sich seitdem genauso wenig geändert wie an der Philosophie des Hauses.

AB
EILT

An einem Haken hängt eine völlig verschlissene Lederjacke aus den Pioniertagen von Reinhard Paulsen. Mit Mühe kann man im Innenfutter noch die Reste des Firmennamens erkennen. „Die hat ein Kunde beim Kauf einer neuen Jacke als Andenken dagelassen, nachdem er sie über vierzig Jahre geschleppt hat", erklärt Carsten Paulsen. Veddel-Kleidung trägt man eben für ein halbes Leben. Das Geheimnis sind die besonderen Stoffe: „Wir haben zwei verschiedene Stoffarten: Pilotstoff mit glatter Oberfläche und Cordstoff mit abriebfesten Rippen. Die Stoffe werden von deutschen Webereien nach unseren Vorgaben hergestellt." Daraus werden bei Original Veddel Jacken und Hosen nach Maß und nach den individuellen Wünschen der Kunden genäht. Zu denen zählen nicht nur Handwerker, Zimmerleute und zünftige Wandergesellen, sondern auch Männer und Frauen, die die exklusiven Jacken, Westen und Hosen in der Freizeit tragen.

Auch bei Bikern ist Veddel-Kluft sehr beliebt. „Wir fertigen unsere Lederbekleidung aus ganzen, fünf bis sechs Quadratmeter großen Kuhhäuten. Deshalb bestehen unsere Lederhosen nur aus vier Teilen und haben weder hinten noch vorn eine Knienaht", verrät Paulsen.

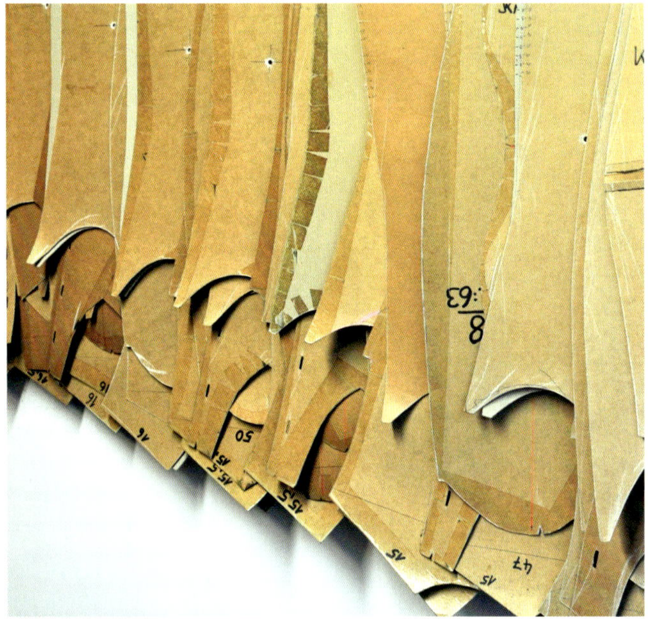

Senator Watrin

Künstler und Sammler

Den wohl außergewöhnlichsten Trödler Hamburgs findet man in einem Keller an der Marktstraße. Schon von Weitem fallen dem Betrachter die auf dem Bürgersteig ausgebreiteten, scheinbar wahllos zusammengewürfelten Sammlerstücke auf. Besonders ins Auge fallen die zahlreichen alten Schulwandkarten aus dem Erdkunde- und Biologieunterricht der fünfziger und sechziger Jahre.

Seine Besucher und Gäste kommen nicht nur aus der alternativ-kreativen Nachbarschaft, sondern aus der ganzen Welt. Besonders häufig verirrten sich in letzter Zeit Japaner in seine Räume, hat Stephan Watrin festgestellt. Das mag daran liegen, dass die Hamburg Tourismus GmbH auf ihn aufmerksam

BORN IN

geworden ist und sein skurriles Galerielokal auf ihrer Website als wichtige Adresse der Hamburger Off-Kulturszene präsentiert. „Wenn zu viele Japaner kommen, die nichts kaufen und nur den Laden verstopfen, nehme ich am Wochenende auch schon mal einen Euro Eintritt“, sagt Watrin. Viele seiner Fundstücke verleiht der Trödler als Requisiten an Theater und Filmproduktionen. Besonders beliebt bei seinen Besuchern seien derzeit Werbeschilder aus Emaille und Hirschgeweihe.

Eigentlich sieht sich der gelernte Kaufmann und Erzieher als Künstler und Sammler. Auch seine Wohnung im Schanzenviertel hat er mit Fundstücken aller Art vollgestellt. Er betrachtet sie als öffentliches Museum und zeigt sie auf Nachfrage gern für Besucher. Vor Jahren hatte Stephan Watrin auch mal – nicht ganz ernst gemeinte – politische Ambitionen. Vor einer Bürgerschaftswahl diente er sich dem Kompetenzteam des damaligen SPD-Spitzenkandidaten Thomas Mirow als Kultursenator an. Mirow habe jedoch, welch Wunder, abgelehnt. Geblieben ist ein großes Ölbild von „Senator Watrin“, das seitdem als Blickfang und Namensgeber den Eingang seines Ladens ziert.

Sweet Suburbia

Very british

Der britische *way of live* hat auch in Deutschland viele Freunde. Marken wie Fred Perry, Ben Sherman oder Doc Martens sind hierzulande ebenso ein Begriff wie Colman's English Mustard, Heinz Salad Cream, Chips mit Vinegar, Earl und Lady Grey Tee oder bittere Orangenmarmelade. Bei Sweet Suburbia, in einer ruhigen Nebenstraße von Ottensen, finden anglophile Kontinentaleuropäer alles, was ihr Herz erfreut.

Der Laden ist zwar klein, das Angebot dafür aber erstaunlich breit: ein Harrods in klein. Es reicht vom klassischen Dufflecoat, das sein wohl bekanntester Träger, Feldmarschall Montgomery, im Zweiten Weltkrieg auch bei uns bekannt gemacht

Fish & Chips

MR. JACKSON'S
'PANTOMIME'
THEATRE
READY TO ASSEMBLE
NO GLUEING !!
NO CUTTING !!
CINDERELLA
PIMM'S
Soap
ED PERRY

hat, bis zu *handmade* Scones und allem, was zu einer echten englischen Teezeremonie gehört. Die wunderschönen, rund hundert Jahre alten Wandkacheln des Raums deuten noch darauf hin, dass hier früher eine Schlachterei war. Sie verleihen dem Geschäft eine ganz besondere Atmosphäre. Ebenso wie die Wandtapete mit dem Bild der Kapelle von Sudeley Castle. Das Foto wirkt so realistisch, dass man denken könnte, Inhaberin Sandra Peters habe sich direkt in den Schlosspark gebeamt, ins ländliche Yorkshire der dreißiger Jahre, wenn sie hinter ihrem Tresen an der Kasse steht. Der kleine Departmentstore vermittelt British Lifestyle irgendwo zwischen Arbeiterpub und Windsor, zwischen Beckhams und Pilcher-Romantik.

In einem Laden, der sich durch und durch britisch gibt, dürfen natürlich die Mitglieder der Royal Family nicht fehlen: Die Queen, Queen Mum, Prinz Charles mit Camilla und seinen Söhnen Harry und William – und nicht zuletzt die unvergessene „Königin der Herzen" Lady Di. Mit ihren mild von Kaffeebechern herunterlächelnden Konterfeis finden sie sich im Regal friedlich nebeneinander oder – ganz britischer Humor – aufgehängt als Witzfiguren und Hampelmänner.

Kaffeerösterei Burg

Herr der duftenden Bohnen

Ein Besuch der Kaffeerösterei Burg ist nicht nur für Freunde der duftenden Bohnen ein besonderes Erlebnis. In dem vollgestellten Laden am Eppendorfer Weg kann man stundenlang zwischen alten Kaffeemühlen, Blechdosen und unzähligen Accessoires rund um den Kaffee stöbern. Neugierige und Interessierte führt der Chef gern in sein Kaffeemuseum im ersten Stock des Hauses oder in den Garten, wo Jens Burg Kaffeepflanzen züchtet. Der Mann mit dem blauen Jeanshemd, seinem Markenzeichen, ist zwischen Kaffeesäcken aufgewachsen. Sein Vater Erich gründete 1923 die Rösterei am Eppendorfer Weg. Seit 1960 führt Jens Burg dort die Geschäfte. Mit Leidenschaft und Engagement hat er ein kleines Paradies für Genießer und Freunde der Kaffeekultur geschaffen.

SPEZIALITÄT:
TÄGLICH FRISCH GEBRANNTER
KAFFEERÖSTEREI
BURG
Espresso

Blue Mountain

FINANCIAL TIMES
PEDRO
NATURAL

JACOBS KAFFEE
Cecilie

Herzstück des Ladens ist der Probat Spezial, ein Trommelröster aus dem Jahre 1950. Viermal in der Woche wird damit vor den Augen der Kunden frischer Kaffee geröstet, dessen Duft den ganzen Laden erfüllt. „Anders als in der Industrie, wo die Bohnen in einer Heißluftspirale bei über vierhundert Grad in wenigen Minuten gar geschossen werden, rösten wir in kleinen Portionen bei 190 Grad und einer Dauer von dreißig Minuten", erklärt Jens Burg den entscheidenden Unterschied. Das Ergebnis ist ein Kaffee aus erlesenen Hochlandsorten, der sehr wenig Säure hat und zudem sein natürliches und volles Aroma behält. Der Unterschied zwischen seinem und dem Industriekaffee sei vergleichbar mit selbstgemachter und gekaufter Marmelade.

Die Kunden können wählen zwischen 24 reinen Kaffeesorten, 45 Aromakaffees mit so klangvollen Namen wie Hawaii Kona Haselnuss und Marzipan Cappuccino, sechs Espressosorten und rund 140 verschiedenen Tees, von Jade Oolong bis Kenia Pekoe. Süßschnäbel finden eine reiche Auswahl hochwertiger Schokoladen und anderer Leckereien.

Interiör

Schlicht und schnörkellos

Carola Herrmann-Kaempfe liebt schöne Formen, individuelles Design und hochwertige Materialien. Deshalb hat die studierte Architektin vor fünf Jahren ihre Leidenschaft zum Beruf und sich selbständig gemacht. An der Osterstraße mitten in Eimsbüttel hat sie ein Geschäft für besondere Geschenkartikel eröffnet. Als bekennende Eimsbüttlerin hat sie es „Interiör – Design im Viertel" genannt. Das bedeutet allerdings nicht, dass ihre Wohnaccessoires von Designern aus dem Stadtteil stammen.

Viele der in ihrem Laden ausgestellten Exponate kommen von dänischen Designmanufakturen wie Helbak, Scherning oder Stelton: schöne Dinge aus Porzellan, Holz oder Glas ebenso wie handbe-

druckte Kissen, Teppiche und Plaids. Aber auch Design aus St. Pauli, z.B. von Dekoop oder der Pension für Produkte findet man im Laden. „Man irrt, wenn man glaubt, dass Schenken eine leichte Sache ist“, sagt die ambitionierte Geschäftsinhaberin. In der Tat fällt es nicht immer leicht, sich zwischen den zahlreichen schön gestalteten Dingen im Laden und den vielen Designobjekten von zurückhaltend-schlichter Form zu entscheiden. Aber egal ob eher funktionale Einrichtungsgegenstände, Schlüsselbrett oder Sitzsäcke: Man kann ziemlich sicher sein, dass man mit einem Geschenk von Interiör etwas Besonderes hat, das nicht an jeder Ecke zu bekommen ist.

Damit das so bleibt, ist die Betreiberin immer auf der Suche nach neuen Accessoires und Geschenkideen. Sechs Mal im Jahr besucht sie einschlägige Messen, und zu vielen Designern hält sie persönlichen Kontakt.

SITTING BULL
wavemu

Kräuterhaus

Die Kräuterhexen von St. Georg

Das Kräuterhaus an der Langen Reihe gehört zu den Läden, in denen die Zeit stehen geblieben zu sein scheint. Wie früher üblich, kündigt ein Glöckchen über der Tür durch ein kurzes helles Bimmeln an, wenn ein Kunde den Laden betritt. Der Duft von über 500 Kräutern, Tees und Gewürzen liegt in der Luft. Sie sollen der Entspannung, dem Wohlbefinden und der Gesundheit dienen. Dass sich Entspannung und Wohlbefinden schon beim Betreten des Ladens einstellen und Stress und Hektik draußen bleiben, liegt nicht nur an den Düften und der musealen Atmosphäre, sondern auch an den „Kräuterhexen" in ihren weißen Kitteln. Denn im Kräuterhaus bedienen seit jeher ausschließlich Frauen.

Gunpowder Minze
Bancha
Schwarzer Peter
Schlehe
Sencha Vanille
Catuaba
Wohlfühl-Tee
Cranberry Apfel
TEE TEA
TEE TEA
tea
tea
tea
Blaue Stunde
Kräuter-Eistee

Piment ganz
Piment gem.
Orangen Pfeffer
Gewürz Pfeffer
Zitronen Pfeffer
Knoblauch Pfeffer
Nelken gem.
Nelken ganz
Paella Gewürz
Zimt gem
Vanille Zucker
Kurkuma gem.
Ingwer gem.
Chilli Fäden
China Wok
China Gewürz
Tomaten pulver
Tomaten Gewürz
Harissa Gewürz
Chillies gem.
Curry Malabar
Curry Madras
Curry Bombay
Curry Indisch
Curry Thailand
Curry süß
African Curry
Gyros Gewürz
Wild Gewürz
Lamm Gewürz
Cafe de Paris
Muskat

Rabe
zur
Taubenabwehr
KRÄUTER
HAUS

Sie nehmen sich Zeit, wissen immer einen Rat und empfehlen für jeden Zweck das Richtige. Tees zum Wachwerden, für gute Laune, ruhigen Schlaf oder gegen alle erdenklichen Zipperlein. Wenn sich der Kunde nicht sofort entscheiden kann, öffnen die Damen ihm gern einige der vielen Holztonnen, in denen die Tees und Kräuter aufbewahrt werden, damit er fühlen, riechen und schmecken kann. Auf Wunsch stellen sie auch jedes beliebige Rezept individuell zusammen. Mit kleinen Schaufeln werden die Papiertüten auf der Waage befüllt, bis sie mit den Gewichten im Gleichgewicht pendeln.

Vor über hundert Jahren wurde das Kräuterhaus von dem Philosophen, Schriftsteller und Gesundheitsforscher Hermann Alois Mayer eröffnet. Bis 1972 war es als „Kräuter-Mayer" bekannt. Seitdem führt Marc Lenzen dort die Geschäfte. Er hat das Konzept konsequent weitergeführt und beispielsweise durch ayurvedische Tees und Gewürze sowie durch Harze, Kräuter zum Räuchern und kosmetische Naturprodukte erweitert. Was kaum jemand weiß: Lenzen ist auch der Erfinder des schwarzen Kunststoffraben, der vielerorts zur Taubenabwehr eingesetzt wird.

Männerträume

Alles für große Jungs

Die meisten Männer, heißt es, benehmen sich wie große Jungs. Stimmt, sagt Martina Topf. Aber sie hat volles Verständnis für die Männer. Mehr noch: Bei ihr dürfen sie ihren Spieltrieb ungeniert ausleben. In ihrem Laden Männerträume an der Papenhuder Straße hat sie viele Dinge zusammengetragen, die die Herzen kleiner und großer Jungs höher schlagen lassen. Der Unterschied zwischen beiden ist eigentlich nur der Preis ihrer Spielzeuge, hat die passionierte Sammlerin festgestellt.

Klar, dass Martina Topf vor allem technisches Spielzeug zu bieten hat. Viele der Automodelle sind echte Oldtimer, an denen sich schon mehrere Kinder- und Männergenerationen erfreut haben. Neben

BUGATTI
Zu Verkaufen!

...und es gibt doch sichere Arbeitsplätze!
Rockin'

alten Schiffsmodellen und Holzspielzeug warten funktionsfähige Hubschrauber darauf, abzuheben. Und da Männer irgendwie immer basteln und bauen müssen, bilden Modelle von Baufahrzeugen wie Bagger und Planierraupen einen Schwerpunkt im Sortiment. Wirklich tief in die Tasche greifen müssen Kunden für ein sogenanntes Diorama. Das sind aufwendig gestaltete Schaukästen – so etwas wie Puppenstuben für Männer, wie zum Beispiel die Autowerkstatt im Maßstab 1:18, in der alles bis ins winzigste Detail originalgetreu nachgebaut worden ist – vom aufgebockten VW Käfer mit Brezelheckfenster bis zum letzten Schraubenschlüssel.

Aber auch richtige Puppenstuben können Männer faszinieren – wenn sie als Antiquität historischen Wert besitzen. Bei Martina Topf steht eine solche aus dem Jahr 1910 im Regal. Eigentlich muss es in der Welt der Männer aber richtig zischen, krachen und rotieren. Für diese Bedürfnisse hält der Laden funktionsfähige Dampfmaschinen sowie drehfähige Motorenmodelle bereit. Wenn der Platz reicht, stehen im Laden manchmal auch echte Oldtimer auf zwei Rädern, wie eine Vespa von 1966 oder eine Royal Enfield, ein englisches Motorrad aus dem Jahr 1946.

Dass eine Frau einen solchen Laden betreibt, ist vielleicht ein Hinweis darauf, dass zwischen den Geschlechtern doch keine unüberbrückbaren Gräben liegen. Und oft kommen natürlich Frauen, die Geschenke für ihre Männer kaufen.

Musikkeller

Klänge aus aller Welt

41 Jahre lang war der Musikkeller von Günter und Michaela Furtenbacher an der Langen Reihe in St. Georg eine Institution für Musikanten jeder Richtung. 2009 vertrieb sie eine drastische Mieterhöhung aus ihrem bis in den letzten Winkel vollgestopften Tiefparterre. Der neue Laden am Großneumarkt ist nun zwar erheblich größer, aber freie, leer stehende Ecken findet man hier trotzdem nicht. Man wundert sich eher, wie all diese Musikinstrumente und Klangkörper in den alten Laden gepasst haben.

Das Besondere am Musikkeller ist seine Vielfalt. „Musikinstrumente aus aller Welt" ist das Motto. Man kann stundenlang stöbern und dabei die Musikkulturen aus fünf Kontinenten kennenlernen.

Marshall

Neben dem üblichen Programm von Blockflöten über Gitarren bis zu Blues Harps, Cajons und karibischen Steel-Drums findet man auch einige seltene Stücke wie alte englische Concertinas und Bandonions. Stolz zeigen die Furtenbachers ihre große Sammlung von Ukulelen. Bekannt ist das Geschäft auch für seine zum Teil historischen Spieluhren, deren kleine Figuren sich wie auf einem Karussell im Kreise drehen. Überhaupt: Musik wird hier sehr weit interpretiert: Zahlreiche Konstrukte bringen ganz besondere Töne hervor wie zum Beispiel eine „Train Box“, ein Holzkästchen, das Geräusche einer Dampflok imitiert. Wie entspannend es sein kann, die richtigen Töne anzuschlagen, erfährt, wer es sich auf einem der Klangmöbel, auf speziellen Holzsesseln oder Liegen bequem macht.

Ein kleines Detail gibt es, das zwar nichts mit Musik zu tun hat, aber sehr schön zeigt, dass die Uhren im Musikkeller anders gehen und Michaela und Günter Furtenbacher ihr Geschäft sehr locker sehen. Der Musikkeller ist wohl das Geschäft mit den ungewöhnlichsten Öffnungszeiten in Hamburg: von 10.03 Uhr bis 18.33 Uhr, so ist es dem Hinweisschild im Schaufenster zu entnehmen.

Mutterland

Zurück zu Mutter Natur

Die Salate heißen „Blöde Ziege“ und „Arme Sau“. „Muttis Buletten“ sind der Klassiker, und zum Nachtisch gibt es „Arme Ritter“. Mutterland setzt auf traditionelle Produkte „made in Germany“. Lifestyle trifft Nachhaltigkeit.

Inhaber Jan Schawe war bisher vor allem als Betreiber und Designer der Bar Hamburg und des Alsterstegs A.Mora bekannt. 2007 hat er in unmittelbarer Nähe des Hauptbahnhofs das Delikatessengeschäft Mutterland eröffnet. 2009 ist Schawe mit einem zweiten Mutterland ins Hanse-Viertel gezogen, 2010 eröffnete er ein weiteres Geschäft in Eppendorf. Egal ob Brot, Käse, Fleisch- und Wurstwaren, Saucen, Chutneys, Süßwaren oder Kuchen: Das Angebot stammt

Clement Schokolade alle Sorten 5,95

aus kleinen Manufakturen, verzichtet auf Konservierungsmittel und künstliche Aromen sowie unnötig lange Transportwege. Viele Delikatessen hier haben Bioqualität und werden traditionell von Hand hergestellt.

„Alle familiengeführten Betriebe und Manufakturen, die uns beliefern, kenne ich persönlich", sagt Jan Schawe. „Damit ist nicht nur ein familiäres Arbeiten gewährleistet, die Mitarbeiter wissen so auch aus erster Hand über die Produkte Bescheid." Zum Angebot zählen auch hauseigene Kaffee- und Teemischungen. Noch vor dem prominenten Gewürzladen eines deutschen Meisterkochs hat der Einzelhandels-Verband Mutterland als bestes deutsches Lebensmittelgeschäft 2009 ausgezeichnet.

Von dem besonderen Sortiment profitieren auch die Gäste, die sich auf insgesamt 25 Plätzen im Cafébereich niederlassen können. Ab acht Uhr morgens gibt es diverse Frühstücksangebote, unter anderem das umfangreiche Bio-Müsli „Fit mit Mutti" mit frisch gepresstem Orangensaft. Von 12 bis 21 Uhr kommen Brotzeitvariationen, Suppen und Salate auf den Tisch. Und ein Blick über den Tellerrand lohnt sich. Der Café-Bereich gliedert sich schön in das Ambiente des Mutterlands ein.

Der Stuhl

Die Thonet-Fans

Eigentlich wollte Tischlermeister Michael Thonet Mitte des 19. Jahrhunderts nur einen schlichten Stuhl bauen, den sich jeder leisten kann. Heute sind seine aus gebogenem Buchenholz gefertigten Sitzmöbel Klassiker und begehrte Sammlerstücke. Besonders das Modell Nr. 14, das als „Wiener Kaffeehausstuhl" berühmt geworden ist. Bis 1930 ist das Modell fünfzig Millionen Mal verkauft worden. Es ist damit eines der erfolgreichsten Industrieprodukte überhaupt.

Ina Klement und Gerhard Kaye sind absolute Thonet-Fans. 1977 hat die gelernte Lithografin Klement ihre Sammelleidenschaft für alte Thonet-Möbel zum Beruf gemacht und den Laden Der Stuhl am

Beginn des Eppendorfer Wegs eröffnet. Fünfzehn Jahre später stieß ihr Partner Gerhard Kaye dazu. Auf Flohmärkten, bei Haushaltsauflösungen und bei der Schließung von Cafés sammeln sie ausgediente und reparaturbedürftige Thonet-Möbel. Mit handwerklichem Geschick, das sie sich im Laufe der Jahrzehnte angeeignet haben, und mit viel Liebe zum Produkt restaurieren sie seitdem die Klassiker aus Bugholz. Sie erneuern das Geflecht, bessern schadhafte Stellen im Holz aus, ziehen die Schraubverbindungen nach und tragen frischen Lack auf. Durch die großen Schaufenster kann man ihnen von außen bei der Arbeit zusehen.

Mit den neuen, industriell hergestellten Thonet-Stühlen, die man heute im Handel angeboten bekommt, wollen Ina Klement und Gerhard Kaye indes nichts zu tun haben. „Sie haben einfach nicht die Aura der Originale", findet Ina Klement. In ihrem Keller stapeln sich noch massenhaft alte Stühle, die darauf warten, wiederhergerichtet zu werden. Thonet hat aber nicht nur Stühle hergestellt. Schaut man sich im Laden um, sieht man auch Sessel, Schaukelstühle, Wand- und Standgarderoben und sogar eine Kinderwiege.

Schüllenbach Eisenwaren

Nägel und Köpfe

Darf's eine Schraube mehr sein? Bei Schüllenbach werden Heimwerker noch ganz individuell bedient. In unzähligen Holzschubladen liegen sie fein säuberlich sortiert: Schrauben, Nägel, Beschläge, in allen Größen, Formen und Ausführungen. Clemens Flagge zählt sie einzeln ab und füllt sie in ein Tütchen. Auf Wunsch bekommt man jeden Nagel und jede Schraube auch einzeln. Meistens kommen die Kunden jedoch nicht mit speziellen Wünschen, sondern mit einer vagen Beschreibung ihrer Probleme. Clemens Flagge fragt dann so lange nach, bis er eine maßgeschneiderte Lösung gefunden und die passenden Teile aus einer Lade gezogen hat. Wer weiß denn auch schon, was sich in den Fächern mit

Teppichnägel
Glaserdraht
S-Haken
Stopfen / Kappen
Schlüsselringe
30+35+40
u. Sonderheiten
Schlüsselringe
Goldleistenstifte
Spiegelschrauben
KÜCHENBRETTÖSEN
BILDERÖSEN
Plastic-Zierkappen
5 - 6 - 8 - 10
Spiegel-
klammern
Kreide
Spiegelklammern
Dübel-Haken
Polsternägel
Verbindungsbleche
Verbindungsbleche
Polsternägel
Möbelgleiter
3-Zack
Filzgleiter

tesa

den handgeschriebenen Aufklebern „Zapfenbänder“, „Fitschen-Ringe“ oder „Einschlagmuttern “verbirgt?

Auch Handwerker schätzen das Angebot und Know-how von Schüllenbach. Für sie öffnet sich, wenn sie den Tresen passiert haben, eine riesige Halle mit langen Regalreihen, wo sich nur zurechtfindet, wer weiß, was er sucht. Trotzdem steht auch hier immer ein Mitarbeiter mit Rat und Tat bereit, wenn ein Kunde in dem Wirrwarr von Regalen, Schränken, Vitrinen, Schachteln, Kartons und Ablageboxen den Überblick verliert.

Gegründet wurde das Geschäft 1866 an der Holstenstraße. Nach dem Zweiten Weltkrieg wurde es zunächst am Neuen Pferdemarkt wieder aufgebaut. 1980 ist der Laden ein paar hundert Meter weiter an den jetzigen Standort an der Budapester Straße gezogen. Clemens und Aenne Flagge führen den Familienbetrieb seit 2002 in fünfter Generation. Während Clemens die Kunden berät und bedient, steht Aenne an der Kasse, die in einem eigenen kleinen Häuschen mitten im Laden aufgebaut ist. Die Chancen für die Fortsetzung der Familientradition stehen gut. Sohn Alexander Flagge arbeitet schon lange im Laden mit.

Bonscheladen

Süß und handgemacht

Im Bonscheladen von Andrea Bock und Uwe Sponnagel dürfen kleine und große Naschkatzen dabei zusehen, wie handgemachte Süßigkeiten entstehen, wie die beiden passionierten Zuckerwerker mit kraftvollen Handbewegungen aus der zähen, noch warmen Bonbonmasse kleine bunte Bonsche formen. Und man sieht schnell: Ohne Maschinen aus dicken Klumpen feines Zuckerwerk zu machen ist mit hohem körperlichen Einsatz verbunden. Für Kinder steht extra eine Fußbank bereit, damit sie einen besseren Blick auf das Geschehen haben und sich die Nasen direkt an der Scheibe plattdrücken können.

In Gläsern und Tüten stehen über fünfzig verschiedene Bonschesorten im Regal. Darunter so aus-

Kaffee
Bonscheladen
Feine handgemachte Bonbons
Rose
Piraten Mischung
Friedensallee 12 · Hamburg-Ottensen
Kaffee
- koffeinhaltig -
Glas 165g € 4,95
Rose
Beutel 200g € 4,95
Glas 165g € 4,95
Piraten-Mischung
Scharfe Bonbons: Mango-Chili, Pfirsich-Ingwer, Orange-Curry, Pflaume-Pfeffer, Erdbeere-Grüner Pfeffer, Ingwer
Pfirsich-Ingwer, Orange-Curry, Pflaume-Pfeffer
Minz-Mischung
Quer Beet
Rote Grütze
Zitrone und Lakritz mit Minze
Glas 165g € 4,95
Quer Beet
Über 40 verschiedene Sorten
Beutel 200g € 4,95
Glas 165g € 4,95
Rote Grütze
Erdbeere, Schwarze Johannisbeere, Sauerkirsche, Himbeere, Holunderbeere
Beutel 200g € 4,95
Glas 165g € 4,95
Ananas, Granatapfel, Mango
Beutel 200g € 4,95
Pauli Bonsche
Zitronen-Smiley
„Tricolori Deutschland"

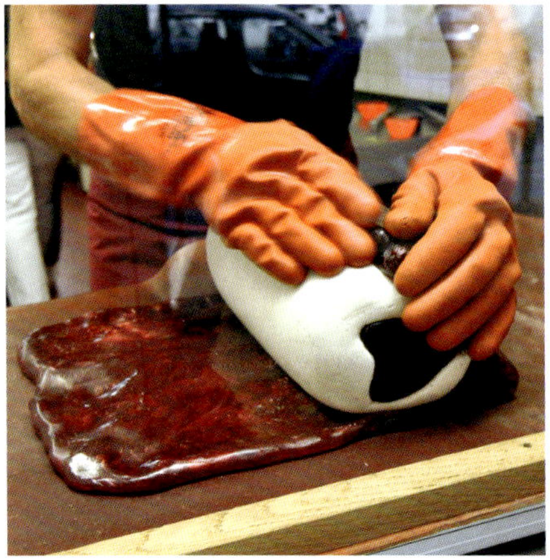

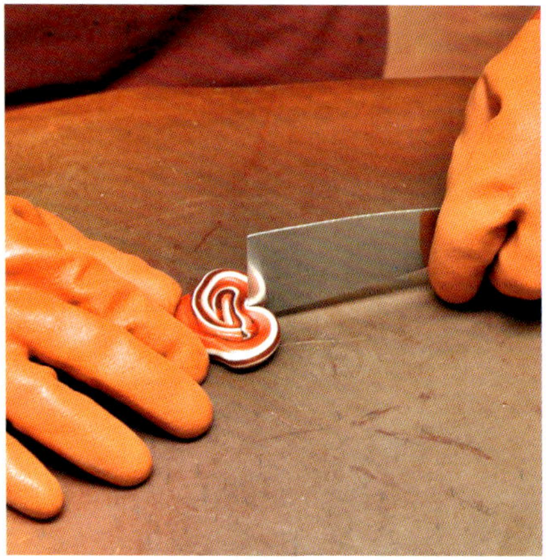

gefallene Geschmacksrichtungen wie Pomeranze (Bitterorange) oder Sorten mit Ingwer, Chili, Curry oder Pfeffer. Natürlich dürfen auch Hafenbonsche mit kunstvoll geformtem Ankermotiv und braunweiß gestreifte Paulibonsche nicht fehlen. „Wir experimentieren ständig und entwickeln immer wieder neue Sorten", sagt Andrea Bock. Die Ideen dazu finden sie eigentlich überall, wo ihnen im Alltag Essbares begegnet. Inspirieren lassen sie sich dabei von Marmeladenrezepten, Chutneys, Speisekarten und auf Wochenmärkten.

Auf die Bonsche gekommen sind die beiden gelernten Sozialpädagogen im Dänemark-Urlaub, wo sie von den vielen bunten Süßigkeiten fasziniert waren. Anders als beim nördlichen Nachbarn meist üblich, arbeiten Sponnagel und Bock aber nicht mit künstlichen Aromen, soweit möglich sogar mit Bioprodukten. Lange haben sie ihre Idee hin und her bewegt, bis sie sich 2005 entschlossen, ihre ursprünglichen Berufe aufzugeben und sich mit dem Bonscheladen selbständig zu machen. „Am Anfang haben wir viel rumprobiert, bis die ersten genießbaren Mischungen dabei herauskamen", erinnert sich Uwe Sponnagel. Inzwischen hat der Bonscheladen nicht nur bei Süßschnäbeln in Ottensen viele Freunde.

Hamburger Nähmaschinen-Haus

Nähkästchen mit Geschichte

Das denkmalgeschützte Fachwerkhaus an der Langen Reihe ist eines der ältesten der Stadt. Wie Historiker durch einen Zufall ermittelten, wurde es 1621 von einem wohlhabenden Hamburger Kaufmann als Gartenhaus, damals noch mit unverbautem Alsterblick, erbaut. Später entstanden hier unter anderem eine Töchterschule, Handwerksbetriebe zogen ein, und Wohnungen wurden eingerichtet. Hier ließ sich auch so mancher Künstler nieder. Die Mutter von Johannes Brahms wohnte dort bis zu ihrem Lebensende.

1954 gründete Otto Horst Schwidrowski hier das Nähmaschinenhaus. Nachdem man sich 1987 entschlossen hatte, das baufällige Gebäude zu sanie-

Special Edition XL-5500
Husqvarna VIKING
399,-
Brother
199,-
brother
Freiarm
Singer
Stickmaschine
649,-

ren, wurden zunächst Bausubstanzuntersuchungen durchgeführt. Durch Jahresringanalysen der Holz-Deckenbalken ließ sich dabei das enorme Alter des Hauses entschlüsseln. Schließlich folgte die große Überraschung. Da alle Decken im ersten und zweiten Stock mit Paneelen abgehängt waren, wahrscheinlich um Heizkosten zu sparen, wurden die außergewöhnlichen Deckenmalereien und Stuckaturen erst im Zuge der Bauarbeiten entdeckt. Vor allem die florale Barockbemalung im zweiten Stock macht dieses Haus zu einem besonderen Hamburger Ort. In diesem wunderschönen Raum finden heute Kreativ-Nähkurse statt.

Seit über zwanzig Jahren führen Gabriele Jaschinski und ihre Schwester Andrea Neubauer die Geschäfte im Hamburger Nähmaschinen-Haus. Es gilt als eines der auf seinem Gebiet führenden Häuser in Deutschland. Nicht selten kann man Fremde mit Stadtplan oder Zettel in der Hand in St. Georg beobachten, die sich zur Langen Reihe 61 durchfragen. „Unser Ziel ist, dass unsere Kunden neben einer kompetenten Beratung, einer eigenen Werkstatt, einer umfangreichen Auswahl an Nähmaschinen, Stickmaschinen, Overlockern, Software, Zubehör und Kurzwaren vor allem eine Rundum-Betreuung erhalten", erklärt Gabriele Jaschinski.

Fleischerei Harms

Tierisch gut

Regelmäßig wiederkehrende Fleischskandale haben viele Verbraucher sensibel gemacht. Man kauft wieder gern beim Fleischer des Vertrauens. Die Fleischerei Harms am Lehmweg ist eine solche Adresse. Aber nicht nur wegen der Qualität des Fleischs lohnt ein Besuch, sondern auch wegen des wunderschönen, über einhundert Jahre alten Verkaufsraums.

Die fein gemusterten Wandfliesen stammen aus dem Jahr 1903, als das Haus gebaut wurde. Seitdem befindet sich in den Räumen eine Schlachterei. 1976 hat Familie Harms das Geschäft übernommen, seit 2005 wird es von Martina und Jan-Hermann Harms geführt. An Haken hängen geräucherte Würste, Schinken und Speck. Daneben ein gerahmter Meis-

DIPLOM
GÄNSE FOND
WALDPILZ FOND

terbrief von Jacob Harms, dem Großvater von Jan-Hermann aus dem Jahre 1922. Er zeigt, dass nicht nur der Laden, sondern auch die Familie Harms auf eine lange Schlachtertradition zurückblicken kann.

Noch heute halten Martina und Jan-Hermann Harms an traditionellen handwerklichen Werten fest. Persönlicher Service und Qualität sind ihre Maßstäbe. Selbstverständlich kennen sie die Lieferanten ihres Fleischs persönlich. Eine Hinweistafel im Laden informiert, dass sie von einem Bauern aus der Region Biofleisch von Galloway-Rindern beziehen. Alle Produkte und Wurstwaren sind glutenfrei, steht mit Kreide auf einer anderen Tafel geschrieben. Dienstags und mittwochs sind bei Harms die Hauptproduktionstage. Dann werden Bratwürste, Mettwürste, Weißwürste, Sülzen und vor allem leckere Pasteten hergestellt. Besonders die Himbeer- und Wildpaste sowie saisonal angepasste Pasteten erfreuen sich großer Beliebtheit.

Jeden Mittag bekommt man in der Fleischerei auch eine warme Mahlzeit, die Martina Harms täglich frisch zubereitet. Man kann sie mit nach Hause nehmen oder an einem großen Holztisch in einem Nebenraum des Ladens verzehren.

Eppendorfer Haushaltsstübchen

Alles aus Omas Küche

Im Eppendorfer Haushaltsstübchen gibt es eigentlich nichts, was es in Haushalt und Küche nicht gibt. Es ist aber nicht ganz einfach, auf den ersten Blick herauszufinden, wie umfangreich das Angebot tatsächlich ist. Denn fein säuberlich einsortierte Regale sucht man in dem Geschäft vergebens. Kannen, Töpfe, Siebe, Kellen, Mülleimer und Salatschleudern stapeln sich bis zur Decke. Schmale Gänge führen durch ein Labyrinth von Küchenutensilien aller Art. Der Laden ist so vollgestellt, dass Rainer Henning morgens als erstes die Auslagen draußen vor dem Schaufenster mit Ware füllt, damit man sich im Laden besser bewegen kann.

SCHULTE-UFER
Orange!
Pretty in
Blue!

GRANDY

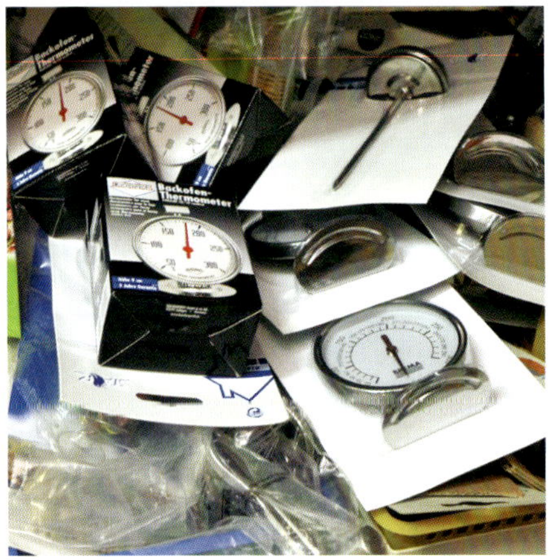
Backofen-Thermometer

Hat man den Laden erst einmal betreten, entfaltet das Chaos seinen ganz eigenen Reiz. Die Unordnung verführt dazu, auf Entdeckungstour zu gehen. Was verbirgt sich unter den Pfannen, was lugt da hinter den Backformen hervor? Dabei begegnen einem Dinge, die man noch aus Omas Haushalt kennt wie Kaffeemühlen aus Holz, Teeeier oder der klassische Bratenwender. Aber auch neuere Gerätschaften wie Toaster, Kaffeemaschinen, Pizzaroller oder Backofenthermometer findet man irgendwo in den Tiefen der Regale und manchmal auch einfach auf dem Boden. Besonders groß ist die Auswahl an Töpfen, Thermoskannen und Pfeffermühlen. In allen Größen, Ausführungen und Farben stehen sie wie Orgelpfeifen aufgereiht.

Vor 25 Jahren hat Rainer Henning das Geschäft übernommen. Damals war es noch ein Eisenwarenladen. Im Laufe der Zeit hat sich Henning aber immer mehr auf Haushaltswaren spezialisiert und sich damit bei seinen Eppendorfer Stammkunden einen Namen gemacht. Ihn in seinem Laden zu finden ist fast so schwer, wie nach einem Ausstecher für Apfelgehäuse zu suchen. Wenn Henning hinter seinem Tresen steht, muss man schon genau hinsehen, um ihn zwischen den vielen Korkenziehern, Schöpflöffeln und Teekesseln zu erblicken.

Hanseplatte

Von Kabel bis Kante

Hanseplatte ist der Laden für Hamburger Künstler und Musiker. Hier bekommt man Hamburger Labels und Hamburgensien aller Art. Das Programm reicht von (Heidi) Kabel bis Kante, von Shanty bis (Rocko) Schamoni, von Heinz Strunk bis Heinz Erhardt, von Udo Lindenberg bis Jan Delay. „Wir führen ausschließlich Produkte aus unserer Stadt. Regional ja, ethnisch niemals!“, so Gereon Klug.

Auch längst vergriffene Titel, alte Vinyls und Raritäten, die schon lange nicht mehr im Sortiment normaler Musikläden zu bekommen sind, findet man in dem Shop auf dem Gelände des alten Schlachthofs am Neuen Kamp. Hanseplatte arbeitet mit vielen Künstlern direkt zusammen und ist des-

I
HAMBURG
Tragen Sie Dr. Jaeger
Musikstadt Hamburg
NEUE

Mixtick

Remixed
Ego Express
DJ Koze/Adolf Noise
Gunter Gabriel
Fink
Finn
Fettes Brot
FETTES BROT
WIR KINDER VOM BAHNHOF SOUL

halb in der Lage, auch Einzelstücke oder besondere Titel anzubieten. Trotzdem sucht Gereon Klug auch auf anderen Wegen nach neuen alten Schätzen der Hamburger Musikkultur – nicht zuletzt, um sie auf dem hauseigenen Label neu aufzulegen.

Wer sich wundert, dass auch Friesennerze und Gummistiefel (aus Naturkautschuk) zur Hamburg-Kultur zählen sollen, den klärt ein Hinweiszettel auf: „Festivalzeit ist Gummistiefelzeit." Überhaupt: Diese Kultur ist ein weites Feld. Beim Herumstöbern im Laden findet man neben Büchern wie „Fleisch ist mein Gemüse" von Heinz Strunk oder T-Shirts mit Aufdrucken wie „Hafencity bleibt" oder „Hamburg: Leider geil!", Postern der Hamburger Schule oder Teigausstechförmchen mit Tocotronic-Logo auch Schlüsselanhänger, Halsketten und anderen Schmuck mit maritimen Anker-, Fisch- und Steuerradmotiven. Lesungen und Konzerte im Laden runden das Programm ab. Außerdem sind akustische Special-Gigs und Buchvorstellungen, natürlich immer rund um das Thema Hamburg, fester Bestandteil von Hanseplatte.

Rosen Drogerie

Bienenwachs und Badesalz

Drogerien sind heute fast ausnahmslos Ladenketten mit immer und überall gleichen Filialen, hinter denen große Konzerne stehen. Wenn sie Schlagzeilen machen, dann häufig wegen ihrer zum Teil unzumutbaren Arbeitsbedingungen. Klassische Drogerien, die aus einer Zeit stammen, in der man noch den angesehenen Beruf des Drogisten lernen musste, um Tinkturen, Pulver und andere Hilfsmittel für Wohlbefinden, Körperpflege und Haushalt zu verkaufen, sind rar geworden. Eine der letzten dieser Art in Hamburg ist die Rosen Drogerie von Marga Bauernfeind am Lehmweg.

Schon wenn mehr als ein Kunde den winzigen Laden betritt, wird es eng. Der Tresen quillt über mit

Natron
Pottasche rein
DYLON
Frosch
Citrus
-,15
-,25

Fläschchen, Tuben, Schachteln, Seifen, Kerzen, Naturschwämmen, Bürsten. In den Glasvitrinen an der Wand herrscht die gleiche Enge. Mitten in diesem Wimmelbild entdeckt man den Kopf von Marga Bauernfeind, die zwischen all den Auslagen hindurch den Kunden freundlich begrüßt. Sie hat ihr gesamtes Berufsleben auf diesen rund fünfzehn Quadratmetern Ladenfläche verbracht. 1955 hat sie hier als Lehrling angefangen. Die Ladeneinrichtung stammt noch von 1934, als die Drogerie eröffnet wurde. Als ihr Chef den Laden 1973 aus gesundheitlichen Gründen nicht mehr weiterführen konnte, übernahm Marga Bauernfeind das Geschäft: „Ich konnte ihn ja nicht hängen lassen." Ohne sich einen genauen Plan zu machen, ist Marga Bauernfeind dann bis heute in der Rosen Drogerie geblieben.

Dabei ist sie auf ihre Weise durchaus mit der Zeit gegangen. Man bekommt zwar noch einige Klassiker, die Spezialität der Rosen Drogerie sind heute aber ätherische Öle und Textilfarben. „Der Eppendorfer färbt gern seine Kleidung", hat Marga Bauernfeind festgestellt.

Dusch-Gel
250 ml
11.50
Körper creme
12.95
11.50
Flüssig Seife
14.95
7.67
14.83
BIOMARIS
SPEICK natural
Flüssigseife
Liquid Soap
Savon liquide
SPEICK natural
Aktiv Körperöl
SPEICK natural
Duschgel Sensitive
Deo-Spray
6.95
Nachfüllflasche
SPEICK natural
Seife
1.80
3.50
8.85

kristallisiert
Ingwer
Java
Ghana
Schokotaler
mit
6 versch. Kakaogehalt
1,20

Tropenausrüster Brendler

Zieht Seeleute und Globetrotter an

Der Marine- und Tropenausrüster Ernst Brendler gehört zu den ältesten Traditionsgeschäften Hamburgs. Gegründet wurde der Laden 1879 von Ernst Brendler. Seit 1971 ist er an der Großen Johannisstraße in unmittelbarer Nähe des Rathauses zu finden. Heute wird er in vierter Generation von Ingrid Osthues geführt. Auch das Interieur hat sich, wie die Mode für Marine- und Tropenbekleidung, seit dem Umzug vor fast vierzig Jahren so gut wie nicht geändert.

Am Anfang war Brendler Hamburgs feine Adresse für die Ausstattung der Seeleute von Handels- und Kriegsmarine. Noch heute kaufen hier die Offiziere von Reedereien und Bundesmarine ihre blauen Uni-

Richtige
Tropenkleidun
aus reiner Naturfaser (ohne Synth
garantiert
Wohlbefinden
auch an extrem heißen Tagen.
Moskito-Netz
35.-
Safari-Jacke
108.-

formen mit goldenen Knöpfen. Dazu gibt es die passenden Mützen sowie zahlreiche Abzeichen und Blazerknöpfe der diversen Reedereien. Auch Piloten finden bei Brendler ihre speziellen Hemden mit Brusttaschen und Schulterklappen. Für Landratten oder Freunde maritimer Mode hält Brendler Troyer, Mützen, Schals, Handschuhe und andere für norddeutsches Schmuddelwetter geeignete Bekleidungsstücke bereit.

Der eigentliche Hingucker im Schaufenster von Brendler ist aber seit ewigen Zeiten die immer gleiche Schaufensterpuppe im khakifarbenen Kolonialstil, die mit Tropenhelm, der Zeit inzwischen ein wenig entrückt, aus einem Moskitonetz heraus in die Ferne blickt. Bei der Tropenbekleidung, die erst später hinzugekommen sei, habe sich seit Ende der Kolonialzeit doch einiges geändert, sagt Ingrid Osthues. Tropenhelme beispielweise würden nur noch zum Fasching oder als Filmrequisiten gekauft. Für Moskitonetze und Safaristiefel dagegen würden sich heute vor allem Rucksacktouristen und Globetrotter interessieren. Die wadenhohen Stiefel sind eine Eigenentwicklung des Hauses. Sie schützen zuverlässig gegen Staub, Wasser und Schlangenbisse.

Altes und Schönes

Im Wirtschaftswunderland

Draußen auf dem vierspurigen Winterhuder Weg donnern die Autos vorüber. Drinnen ist es ganz still, Lärm und Hektik bleiben vor der Tür. Im Laden von Stefan Kleinschmidt ist die Welt noch in Ordnung. Es ist die Welt der Aufbau- und Wirtschaftswunderjahre der Bundesrepublik. Das kleine, bis in jeden Winkel vollgestellte Kaufhaus des 42-jährigen Sammlers hat sich auf Waren der 1950er bis 1970er Jahre spezialisiert. Besonders ältere Menschen werden hier vieles entdecken, was ihnen von früher noch sehr vertraut sein dürfte, aber auch bei Jüngeren wieder schwer im Kommen ist wie Nierentische, Party-Igel, Bowle-Pieker, Tulpenlampen. In einer Glasvitrine stapeln sich typisch gemusterte Kleiderstoffe und Aussteuerwäsche, die Frauen da-

abc
Automat
45.-

mals mit in die Ehe einbrachten. Alte Aufsteller, Werbetafeln und Produkte von Markenikonen wie „4711", „Klosterfrau", „Pelikan" und „Salamander" erwecken das Lebensgefühl der damaligen Zeit. Wenn Stefan Kleinschmidt dann noch in seinem grauen Kittel mit der rot-weiß-blauen Agfa-Raute hinter dem Tresen steht, glaubt man, sich in eine historische Filmkulisse verirrt zu haben.

Filmproduktionen und Theater bedienen sich denn auch gern aus seinem reichhaltigen Fundus. Für den Film „Die Sturmflut" über die Hamburger Naturkatastrophe von 1962 hat Kleinschmidt zum Beispiel einen alten Kinderwagen verliehen. „Der wurde bei den Dreharbeiten leider zerstört", erinnert er sich. Auch für alle anderen Freunde der damaligen Zeit ist der Laden von Stefan Kleinschmidt ein Paradies zum Stöbern und Entdecken. „Ich hatte schon immer eine Leidenschaft für Tante-Emma-Läden", erklärt der gelernte Drucker und Grafiker, warum er vor sechs Jahren das Geschäft eröffnet hat.

Sein Händchen für Design und Gestaltung half ihm bei der Einrichtung des Verkaufsraums. So hat er den Schriftzug in seinem Schaufenster selbst entworfen. Tresen, Vitrinen und Wandregale aus der entsprechenden Zeit suchte er sich vom Trödel zusammen, so dass man den Eindruck gewinnt, der ganze Laden bestehe, so wie er ist, schon seit über fünfzig Jahren. Wer mit Stefan Kleinschmidt über das Thema Tante-Emma-Läden ins Gespräch kommt, erfährt schnell, welche Schätze sich noch im Hinterstübchen verbergen. Bereitwillig holt er dann vergilbte Schwarz-weiß-Fotos, alte Folianten und Bücher hervor und entführt einen mit leuchtenden Augen in eine schier unerschöpfliche Welt der guten alten Dinge.

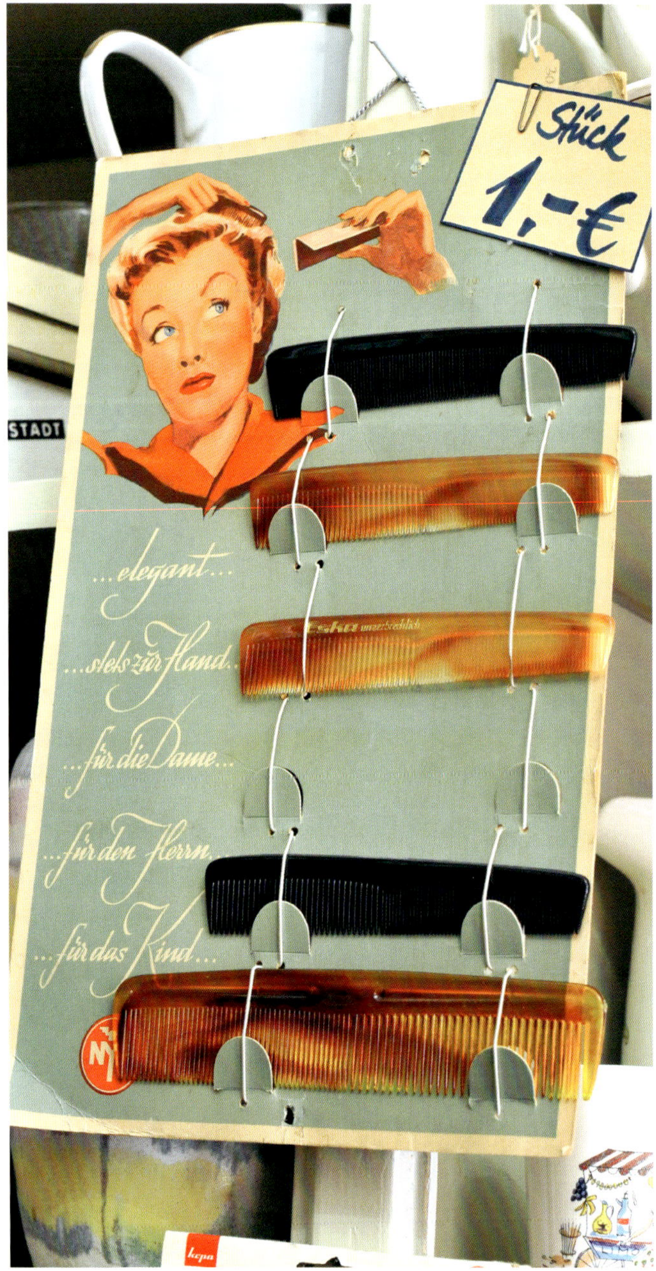

Qualitäts-Möbel
Küchenbüfett

JÄSTER

Heimat-Hafen-Hamburg

Strandgut und Segeltuch

Der rot-weiße Schriftzug ziert Taschen, Kissen, T-Shirts und Schlüsselanhänger: Heimat-Hafen-Hamburg prangt auch auf recycelten maritimen Fundstücken wie alten Paddeln und hölzernem Strandgut, das für viele Stücke der Kollektion verwendete alte Segeltuch macht sie zu Unikaten mit besonderer Patina. Die Idee dazu kam Susanne Häußler, als sie bei einem Trödler Stoffbahnen mit dem eingewebten Hinweis auf den ursprünglichen Eigentümer „Freie und Hansestadt Hamburg" entdeckte. Die ehemalige Lehrerin hat daraus die Marke Heimat-Hafen-Hamburg gemacht, indem sie sich an die Nähmaschine setzte und ihren neuen Firmennamen auf Accessoires und Kleidung stickte.

Heimat-Hafen-Hamburg
IST DAS KUNST ODER KANN DAS WEG?
DER FRÜHE VOGEL KANN MICH MAL!
WAR DER HEUTIGE TAG WIRKLICH NÖTIG?
Ist das Licht im Kühlschrank wirklich aus?
Heimat-Hafen-Kiel

Zunächst bot sie ihre Kollektion auf Wochenmärkten an. Doch das Nomadenleben im Freien, besonders in den kalten Wintermonaten, wurde ihr bald zu lästig. 2005 fand sie dann schließlich am Hofweg ihren eigenen Heimathafen. In ihrem Laden geht es immer noch etwas wuselig zu. Tische quellen über, Neues und Gebrauchtes steht durcheinander, ein großes Wandbild hängt absichtlich schief. „Zu viel Ordnung im Laden mag ich nicht", sagt Susanne Häußler, die meist vor dem Bild an ihrer Nähmaschine sitzt, wo sie Prototypen für die nächsten Kollektionen fertigt. Als gelernte Schneiderin und frühere Garderobière bei Fernseh- und Kinoproduktionen hat sie ein Händchen für Stoffe, als Mitglied des Oevelgönner Museumshafens eine Vorliebe für Dinge mit Geschichte. Und natürlich liebt die aktive Rudererin Wasser und Hafen, so dass die Vereinsfarben ihres Clubs RG Hansa – Blau, Weiß und Rot – nicht zufällig die dominierenden Farben in ihrem Laden sind.

Heimat-Hafen-Hamburg hat inzwischen diverse Ableger bekommen. Zwei davon heißen „Alsterschatz" und „Elbperle". Auch andernorts ist man auf Susanne Häußler aufmerksam geworden. Für Läden in bald zwanzig Städten entwirft sie inzwischen eigene Heimat-Hafen-Kollektionen.

Heimat-Hafen-Hamburg
Heimat-Hafen-Hamburg®
Heimat-Hafen-St. Pauli
Elbschatz
Heimat-Hafen-Hamburg®

Schuhreparatur Smolarz

Stabiler Absatz mit soliden Sohlen

Ein Besuch bei Schuhmachermeister Smolarz an der Grindelallee ist wie eine Reise in eine andere Zeit. Die Schaufensterdekoration scheint seit den sechziger Jahren nicht verändert worden zu sein. Die museal anmutende Maschine zum Weiten von Schuhen, die fast ein ganzes Fenster ausfüllt, ist aber kein reines Ausstellungsstück. Wenn Meister Smolarz daran arbeitet, kann man ihm von der Straße aus dabei zusehen.

Öffnet man die Tür, erklingt der helle Ton der mechanischen Ladenglocke. Innen duftet es noch richtig nach Leder und Schuhcreme. Der große, geschwungene Holztresen und die Wandregale gehören ebenso zur Erstausstattung wie die großen,

Die lasse
ich alle
reparieren!
...bei Ihrem
Schuhmacher
ECHTES
LEDER

AEROSOL

hinter Glas gemalten Reklametafeln, die für Produkte werben, deren Namen man noch aus den Pioniertagen des Werbefernsehens kennt. Man spürt, hier liebt jemand seine Arbeit, hier werden noch handwerkliche Werte gepflegt.

Obwohl Billigschuhe und Wegwerfgesellschaft traditionellen Schustern seit Jahrzehnten das Leben schwer machen, hat Joachim Smolarz als einer der wenigen seiner Zunft alle wirtschaftlichen Umbrüche und Modeerscheinungen erfolgreich überlebt. Die Schuhmacherwerkstatt an der Grindelallee besteht seit 1948. 1963 hat sie Joachim Smolarz' Vater übernommen. Seit fünfzehn Jahren ist Joachim Smolarz hier der Chef. Noch länger als Vater und Sohn Smolarz ist Heinz Meyer im Geschäft. Er gehört quasi mit zum Inventar. Der Schuster arbeitet schon seit 1960 in dem Laden. Noch heute hilft er stundenweise aus, wenn besonders viel zu tun ist. Und das kommt nicht selten vor. Denn die Stammkunden im Grindelviertel wissen gute Arbeit zu schätzen. So mancher hätte vielleicht auch nichts dagegen, wenn er seine Schuhe öfter zum Schuster bringen könnte.

Milchmädchen

Mit Liebe zum Detail

Sie habe immer schon gern gezeichnet, sagt Irina Hultzsch von sich. So entstand irgendwann ihr Markenzeichen, eine mit wenigen Strichen skizzierte Figur – das Milchmädchen. Heute ziert die verschmitzt dreinblickende Göre nicht nur Shirts und Taschen, sie ist auch Namensgeberin eines Ladengeschäfts in Eppendorf. Stöbern ist hier ausdrücklich erwünscht, individuelle Wohnaccessoires und charmante Geschenkideen sind ansprechend arrangiert. Das Ambiente ist persönlich. Besonders im hinteren Teil des Geschäfts herrscht Wohnzimmeratmosphäre.

Irina Hultzsch wuchs in München auf und absolvierte dort an der Technischen Universität ein Architekturstudium. Stets auf der Suche nach dem

Besonderen, haben Reisen nach Japan, Südamerika, Vietnam und die Zeit bei David Ling Architects in New York ihre kreative Arbeit nachhaltig geprägt.

Die junge Designerin, die „milchmädchen.design" seit 2007 hauptberuflich betreibt, hat ein Faible für hochwertige Materialien, traditionelles Handwerk und detailverliebtes Entwerfen. Sie präsentiert in ihrem Laden aber nicht nur eigene Entwürfe, sondern umgibt sich auch leidenschaftlich gern mit liebevoll entworfenen Stücken von Kolleginnen und Kollegen. Bei der Auswahl des Sortiments spielt die Authentizität der Produkte eine entscheidende Rolle. Die Produktion in meist kleinen Manufakturen und Familienbetrieben ist dabei genauso wichtig wie der persönliche Kontakt zu den Designern. Dadurch bewahren sie ihren ganz eigenen, individuellen Charme.

Schlüter Fischhandel

Aus sieben Weltmeeren

Gute Fischgeschäfte gehören zu Hamburg wie Hafen und Michel. Doch sie sind rar geworden. Der Laden Käthe und Julia Schlüter am Stellinger Weg zählt seit über sechzig Jahren zu den besonderen Hamburger Adressen für frischen Fisch. Schon beim Blick durch das Schaufenster bekommt man Lust auf Meer. Appetitlich arrangiert, wie von einem paradiesischen Füllhorn ausgeschüttet, drängen sich Saibling, Pulpo, Lachs, Thunfisch, Forelle, Hummer, Karpfen, Knurrhahn, Schwertfisch und viele andere frisch gefangene Süß- und Salzwasserfische dem Auge des Betrachters entgegen. „Unser Schaufenster ist unsere Werbung", sagt Jürgen-Ulrich Schlüter. Von Aal bis Zander findet der Liebhaber von Fisch und Meeresfrüchten in dem Eimsbütteler

Lachs

Karpfen
essen!

Steinbeisser-

Traditionsgeschäft alles, was sein Gaumen begehrt. Selbstverständlich verrät jeder Fisch auf einem kleinen Schild seine genaue Herkunft. Jeden Morgen füllen Frauke und Jürgen-Ulrich Schlüter die Auslagen mit frischer Ware. Einige Tiere wie Hummer, Aal und Karpfen werden auch lebend gehalten. In den Auslagen eines zweiten Tresens findet man hausgemachte Salate, Marinaden und Räucherware.

Eröffnet wurde der Familienbetrieb 1933 in Barmbek von Käthe und Julia Schlüter, den Tanten von Jürgen-Ulrich Schlüter. Seit 1949 befindet sich das Geschäft am Stellinger Weg. Geblieben sind bis heute die schönen handbemalten Wandfliesen und der hohe Anspruch an Qualität und Frische. Hinzu gekommen ist ein täglich wechselndes Mittagsgericht, das man mitnehmen kann, aber besser noch, wegen der Atmosphäre, an einem Stehtisch im Laden oder bei schönem Wetter vor der Tür verzehrt.

Pfeifendepot Gerd Jansen

Priemhökers Probeerstuuv

Einen Platz zu finden, wo man sich außerhalb der eigenen vier Wände ungestört dem Tabakgenuss hingeben kann, ist angesichts verschärfter Nichtraucherschutzgesetze heute gar nicht mehr so einfach. Bei Gerd Jansen sind Raucher nach wie vor willkommen. Besonders solche, die sich gern in Ruhe eine Pfeife anstecken.

Die Tabakdüfte, die den engen, in warmes Licht getauchten Laden durchziehen, dürften so manchen frisch entwöhnten Nichtraucher wieder schwach werden lassen. Bei Gerd Jansen findet der Pfeifenliebhaber alles, was er für vollendeten Rauchgenuss benötigt: eine große Auswahl handgefertigter Pfeifen, Tabake sämtlicher Geschmacksrichtungen, da-

GEORG
WEISS
DÖMITZ
Lady

TN
NIEMEYER HOLLAND
Neue
HIER
Sonnabend

runter einige selbst gemischte Sorten, sowie jedes erdenkliche Zubehör. In seiner Werkstatt arbeitet Gerd Jansen die Pfeifen seiner Kunden wieder auf, wenn sie nicht mehr richtig ziehen, Lack oder Firnis verschrammt sind oder das gute Stück gar zerbrochen ist.

Dass der Tabakkonsum eine eigene Kultur ausgebildet hat, demonstriert Gerd Jansen eindrucksvoll in seiner „Priemhökers Probeerstuuv". Ein Hinterstübchen seines Ladens hat Gerd Jansen nämlich als Tabak- und Rauchermuseum eingerichtet. An den Wänden hängen alte Pfeifen neben historischen Fotos und Werbetafeln aus Emaille, an der Decke getrocknete Tabakblätter, und in Regalen stehen historische Tabakdosen aufgereiht. Besonders sehenswert ist die große Sammlung alter Kautabakgefäße aus Steingut. Wenn man es sich auf einem der plüschigen Sessel bequem macht, die in dieser musealen Umgebung einladen, sich in Ruhe ein Pfeifchen anzustecken, denkt man unwillkürlich an Lehrer Lämpel von Wilhelm Busch.

Seit 1899 werden hier im Tiefparterre an der Methfesselstraße Tabakwaren verkauft. Seit 1971 steht Gerd Jansen hinter dem Tresen des Geschäfts. Der ehemalige Quartiersmann aus dem Hamburger Hafen hat sich mit dem Laden einen Traum erfüllt: „Ich fühle mich hier pudelwohl."

schweizweit

Der Eidgenießer

Das Bild der Deutschen von der Schweiz schwankt zwischen Bewunderung und Geringschätzung und ist gespickt mit Klischees. Dass sich unser kleiner südlicher Nachbar nicht auf Berge, Banken und Raclette reduzieren lässt, zeigt das schweizweit an der Großen Rainstraße in Ottensen. Hier lernt man die Schweiz in ihrer ganzen Vielfalt kennen: von der Traditionsfirma bis zum Jungdesigner, von Basel bis Zermatt und vom Kartoffelwärmer bis zum Gletscherwein.

Vor fünf Jahren hat der gebürtige Westfale und Schweizfan Stefan Caspers im Tiefparterre eines ehemaligen Butter- und Milchgeschäfts aus der Gründerzeit die eidgenössische Zweigniederlassung

Neue Zürcher Zeitung
NZZ – INTERNATIONALE AUSGABE
Die Schweiz im Fokus
Minarettverbot weckt im Ausland Kritik und Debatten

Cailler
Schweiz
Ovomaltine
SESAMLIS
SÉSAME
In Form bleiben...
OVOMALTINE

ZÜRICH
URCHUCH

eröffnet. Er hat die Schweiz nicht nur als Tourist bereist, sondern dort mehrere Jahre als Koch gearbeitet. Seitdem zieht es ihn und seine Partnerin Birgit Westhues immer wieder dorthin zurück. Was sie auf ihren Reisen Neues, Beeindruckendes und Kurioses entdecken, bringen sie mit und stellen es aus. „Wir wollen aber kein Heimatmuseum oder Devotionalienladen sein. Mousepads oder Handyschalen mit Schweizer-Kreuz-Aufdruck haben wir nicht", stellt Caspers klar.

Freunde der Schweizer Küche verwöhnt Caspers in einem kleinen Nebenraum mit frisch zubereiteten Speisen: „Genauso wenig, wie sich die Deutsche Küche auf Eisbein und Sauerkraut reduzieren lässt, gibt es bei uns nicht nur Rösti, Käsefondue und Zürcher Geschnetzeltes." Er mischt Schweizer Tradition mit modernen Elementen. Auf der Karte stehen Walznuedli mit Riesengarnelen, Nüsslisalat mit gehobeltem Tête de Moine und Dörrpflaumen oder Kalbsvögerl mit Steinpilzen und blauen Kartoffeln. Dazu gibt es eine feine Auswahl Schweizer Weine. Und jeden Tag die aktuelle Ausgabe der Neuen Zürcher Zeitung.

Policke Herrenkleidung

Jacken wie Hosen

Leidgeprüfte Kaufhauskunden kennen das: Immer wenn man einen Verkäufer sucht, ist keiner da. Das ist bei Policke anders. Aber nicht nur in dieser Hinsicht unterscheidet sich der Anzugladen von der Konkurrenz. Abseits der immer gleichen Fußgängerzonen und Einkaufszentren, an der Böckmannstraße in St. Georg, versteckt neben den zahlreichen türkischen Friseuren und Cafés des Stadtteils, findet man den wohl ungewöhnlichsten Herrenausstatter Hamburgs. Seit der Gründung 1931 hat die Mode schon oft gewechselt. Am Interieur des Hauses hat sich seitdem aber so gut wie nichts geändert.

Ein kurzer Blick beim Betreten des Ladens genügt, und der fachkundige Verkäufer weist dem Kunden

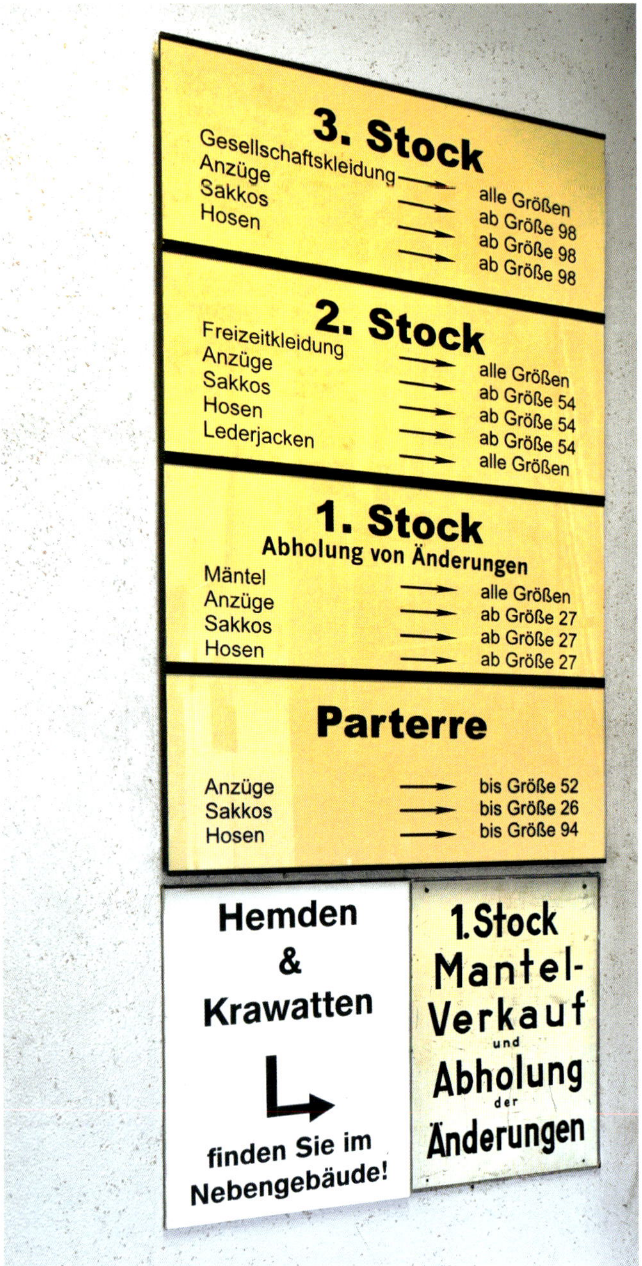
3. Stock
Gesellschaftskleidung
Anzüge
Sakkos
Hosen
alle Größen
ab Größe 98
ab Größe 98
ab Größe 98
2. Stock
Freizeitkleidung
Anzüge
Sakkos
Hosen
Lederjacken
alle Größen
ab Größe 54
ab Größe 54
ab Größe 54
alle Größen
1. Stock
Abholung von Änderungen
Mäntel
Anzüge
Sakkos
Hosen
alle Größen
ab Größe 27
ab Größe 27
ab Größe 27
Parterre
Anzüge
Sakkos
Hosen
bis Größe 52
bis Größe 26
bis Größe 94
Hemden & Krawatten finden Sie im Nebengebäude!
1. Stock Mantel-Verkauf und Abholung der Änderungen

den Weg: „Sportliche Sakkos in Ihrer Größe finden Sie im zweiten Stock.“ Rolltreppe oder Fahrstuhl sucht der Kunde jedoch vergebens. Die vier Etagen sind nur über eine schmale Holztreppe erreichbar. Jeder Winkel und jede Ecke wird ausgenutzt, selbst an der Decke hängen sie: 6 000 Anzüge, 4 000 Jacketts und 12 000 Hosen in achtzig Größen. Darunter findet sich Freizeitkleidung ebenso wie feiner Zwirn für Bälle und Empfänge. Auch preislich ist für jeden Geldbeutel etwas dabei. Damit die Kunden die Farbe des Stoffs bei Tageslicht prüfen können, hängt ein großer Spiegel an der Außenwand des Ladens.

Für ganz junge Herren hat Policke während der Konfirmationszeit auch besonders kleine Größen im Angebot. Sollte trotzdem kein passendes Kleidungsstück im Angebot sein, wird es von der hauseigenen Änderungsschneiderei passend gemacht. Im Nebenhaus hat der Kunde die Wahl aus 4 000 Hemden und zahllosen Krawatten zum neuen Anzug. Gern behilflich sind auch hier die zahlreichen Verkäufer, von denen immer einer in der Nähe ist.

Entwurf-Direkt

Schubladen über Schubladen

Schubladen haben es Per Schumann angetan: „Sie bergen kleine Geheimnisse, erzählen Geschichten, und jede ist anders." Schon während seines Kunststudiums hat er begonnen, alte Fundstücke zu sammeln, sie aufzuarbeiten und ihnen ein neues Leben zu schenken. Für jede Schublade fertigt Schumann einen maßgefertigten Vollholzkorpus an, der einfach an der Wand befestigt oder mit anderen Schubladen zusammen zu einem neuen Möbelstück verarbeitet wird. Jeder Entwurf ist ein Unikat und passt in keine Schublade. Gern berücksichtigt der Künstler die individuellen Wünsche seiner Kunden und liefert auf Bestellung. Daher auch der Name „Entwurf-Direkt".

Seit neun Jahren betreibt Per Schumann sein Geschäft in Ottensen. Vor einem Jahr ist er von der Kleinen Rainstraße an die Eulenstraße umgezogen. Das neue Ladenlokal ist wie geschaffen für diesen Zweck. Die Wandregale der ehemaligen, 1919 eröffneten Drogerie bestehen nämlich zur Hälfte aus kleinen Schubladen, die alle noch im Original erhalten sind. Sie bilden nicht nur optisch einen passenden Rahmen, sondern dienen auch der Aufbewahrung zahlreicher Beschläge, Griffe und handwerklicher Kleinteile. Einrichtung und Verkäufliches, Privates und Geschäft sind bei Entwurf-Direkt überhaupt schwer zu trennen. Leben und Arbeiten sind für den Inhaber eng miteinander verknüpft.

Bei Entwurf-Direkt bekommt man aber nicht nur Schubladen in allen Variationen. Per Schumann arbeitet auch mit anderen Künstlern zusammen, die ihre Bilder und Objekte bei ihm präsentieren. In regelmäßigen Abständen wird der Laden zur Bühne für Lesungen, Diskussionen, Ausstellungen und andere Veranstaltungen.

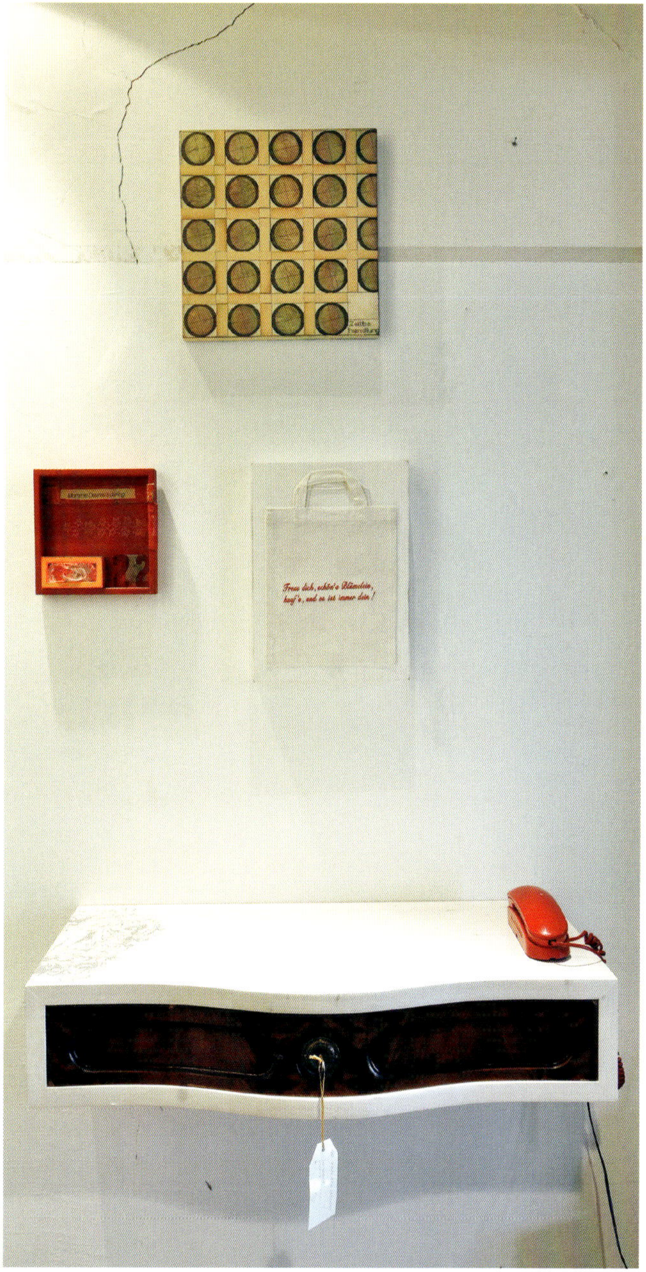

Feinkost Meyer

Bei Horst und Helga

Der alte Schriftzug im Stil der sechziger Jahre prangt noch über dem Schaufenster. Er verspricht Milch und Feinkost. Doch auch bei Horst und Helga Meyer ist die Zeit nicht stehen geblieben. In leuchtendem Orange-Rot wird – ganz trendy – inzwischen auch „Coffee to go“ angeboten. „Es nützt ja nichts, man muss sich den Wünschen seiner Kunden anpassen“, sagt Horst Meyer mit einem Achselzucken.

Seit 1962 betreiben Horst und Helga Meyer den Tante-Emma-Laden an der Ditmar-Koel-Straße. Davor sei es ein Obst- und Gemüse- und ein Blumenladen gewesen, erinnern sich die beiden. Ein paar Blumensträuße stehen auch heute noch in Wassereimern neben Obst- und Getränkekisten und warten

kinder Riegel
HARIBO
Milch

Milch
LEIBNIZ
Fanta

auf Kunden. Im Laufe der Jahre hat sich der Laden aber auf Milch und später auf Feinkost spezialisiert. Früher wurde hier sogar noch Milch lose verkauft und in mitgebrachte Alukannen abgefüllt. Tresen und Wandregale stammen noch aus dieser Zeit. Neben fein säuberlich aufgereihten Flaschenbatterien findet man da auch heute noch einige Klassiker wie Köllnflocken, Brandt Zwieback, Kühne Senf und Maggi-Würze.

Jeden Morgen um sechs Uhr öffnen Horst und Helga Meyer ihren Laden. Dann kommen die Arbeiter aus dem nahe gelegenen Hafen, trinken einen Kaffee an einem der Stehtische und essen dazu belegte Brötchen, die Helga Meyer jeden Morgen in aller Frühe selbst schmiert. Besonders stolz ist sie auf die Eierbrötchen: „Davon schwärmen unsere Kunden immer.“ Die Treue ihrer Kunden gibt den Meyers immer wieder die Freude und die Kraft, weiterzumachen. Tag für Tag im Laden zu stehen hat allerdings einen Preis. An den letzten Urlaub können sich Horst und Helga Meyer kaum noch erinnern. „Ich glaube, das war 1965, da waren wir acht Tage im Harz“, meint Horst Meyer.

Otto Hatje Zigarrenmacher

Mit dem richtigen Dreh

Dass Stefan Appel seine Arbeit liebt, merkt jeder sofort, der seinen Laden betritt. Würziger Zigarrenrauch erfüllt den Raum, denn Stefan Appel empfängt seine Kunden gern mit einer selbstgedrehten Zigarre im Mund. Von einem Zigarrendreher, dazu noch einem der beiden letzten in Hamburg, die dieses seltene Handwerk ausüben, ist das nur als beste Empfehlung zu verstehen.

Otto Hatje hat das kleine Geschäft 1922 an der Alten Königstraße, unweit vom Altonaer Rathaus, gegründet. Stefan Appel hat es 1991 übernommen. Vor allem aus Brasil- und Sumatratabak dreht Appel hier seitdem verschiedenste sogenannte Shortfiller. Das sind Zigarren, in die relativ klein ge-

Hatje Zigarren
Feinste Brasil
100 % TABAK
Feinste Sumatra
100 % TABAK
100 % TABAK
100 % TABAK
Otto Hatje
seit 1922
Zigarrenmacher
Einhundertsechsundsechzig
Blankeneser
Feinste Brasil
100 % TABAK
Blankeneser
Feinste Sumatra
100 % TABAK
Hamburger
Lotsen
100 % TABAK
Hatje Zigarren
Elbel
100% Tabak · Handarbeit
Brasil
25 Stück
Hatje Zigarren
Feinste Brasil
100 % TABAK
Hatje Zigarren
Feinste Sumatra
100 % TABAK
100% Tabak
Handarbeit

schnittene Blätter eingerollt werden. „Die ziehen besser“, erklärt der Experte. In den Auslagen finden sich kurze und lange, dicke und dünne, helle und dunkle. Ganz hamburgisch heißen sie Blankeneser, Fofftein, Altonaer oder Elbe I. Der Wickelbock, auf dem das Rauchwerk von Hand gefertigt wird, steht vorn im Schaufenster, so dass man dem Meister von der Straße aus gut beim Arbeiten zusehen kann. Neben den Eigenmarken führt Appel auch Importware, darunter edle Zigarren aus den besonders hoch geschätzten Tabakanbaugebieten Kuba, Nicaragua, Honduras und der Dominikanischen Republik.

Neben den Regalen mit Zigarrenkisten stehen ein paar dekorative Holzfässchen mit verschiedenen Rum-, Sherry- und Whiskysorten. „Zigarren harmonieren sehr gut mit diesen Spirituosen“, findet Stefan Appel. Er füllt sie für seine Kunden gern lose ab. Man kann seine Zigarren aber auch in der im hinteren Teil des Ladens eingerichteten Raucherlounge genießen. Das ist nicht nur zu empfehlen, weil man hier auf Gleichgesinnte trifft, man erspart sich so auch Ärger mit sensiblen Nichtrauchern zuhause.

Weihnachten

Nicht nur zur Weihnachtszeit

Tante Milla aus Heinrich Bölls Erzählung *Nicht nur zur Weihnachtszeit* hätte ihre helle Freude an dem Geschäft von Gerda Hüsch. Gerda Hüsch hat nämlich alles, was eine erfolgreiche Tannenbaumtherapie für die verwirrte Tante erfordert. Das ganze Jahr über, winters wie sommers, bekommt man hier jeden erdenklichen Christbaum- und Weihnachtsschmuck. Man muss es einfach gesehen haben, um zu glauben, was man sich so alles an die Tannenzweige hängen kann: Gurken, Radieschen, Emmentaler, Frösche, Käfer, Kühe, sogar Dinosaurier und noch vieles mehr.

Wie auf einem riesigen Gabentisch liegen Christbaumkugeln, Krippenspiele, Bambis, Rentiere, Ker-

zen, künstliche Tannenbäume und natürlich Weihnachtsmänner in allen Größen herum. Dass Gerda Hüsch auch im Sommer die Türen weit geöffnet hat, ist nicht nur ein Service für früh Entschlossene und langfristige Planer. Im Sommer werden nämlich die Weihnachtsausgaben von Katalogen und Zeitschriften produziert. Und deren Redakteure kommen gern, um sich hier Requisiten für ihre Fotoshootings zu besorgen.

Im Grunde weiß Gerda Hüsch, dass sie das ganze Jahr inmitten eines Kinderparadieses lebt, das besonders Enkelin Sarah zu schätzen weiß: „Wenn meine Enkeltochter Sarah später einmal gefragt wird, ob sie sich denn an ihre Oma Gerda erinnern kann, dann könnte ich mir vorstellen, dass sie vielleicht Folgendes antwortet: Meine Oma saß immer an einem ganz großen Tisch mit einer langen, roten Samtdecke, und überall war alles voller Kugeln, Weihnachtsmänner, Engel, Sterne, Pilze, Zapfen und Rehe. Überall hatte man nur Glimmer im Gesicht, auch Oma." Bis Enkeltochter Sarah diese Frage irgendwann gestellt wird, mögen allerdings noch viele Weihnachtsfeste gefeiert werden.

Adressen

Seite 6-9
Die Kleine Konditorei
Inhaber: Britta und Tjark Meyer
Lutterothstraße 9-11
20255 Hamburg
Tel. 040 / 40 60 60
www.kleine-konditorei.com
Mo-Fr 6-18:30 Uhr, Sa 7-18 Uhr
So 7:30-18 Uhr

Osterstraße 176
20255 Hamburg
Tel.: 040 / 40 60 45
Mo-Fr 6-19 Uhr, Sa 7-18 Uhr
So 7:30-18 Uhr

Seite 10-13
Mützenmacher Eisenberg
Inhaber: Lars Küntzel
Steinstraße 21
20095 Hamburg
Tel: 040 / 33 57 03
www.muetzenmacher.de
Mo-Fr 9-18 Uhr, Sa 10-13 Uhr

Seite 14-17
Scherben-Klinik
Inhaber: Arne Zimmermann
Bundesstraße 40
20146 Hamburg
Tel: 040 / 45 81 92
www.scherben-klinik.de
Mo-Do 10-13, 15-18, Fr 10-14 Uhr
und nach Vereinbarung

Seite 18-21
Retube
Inhaber: Björn Claßen
Hohenesch 54
22765 Hamburg
Tel: 0172 / 9 94 40 44
www.retube.eu
Mo, Di nach Vereinbarung
Mi-Fr 13-19 Uhr, Sa 10-16 Uhr

Seite 22-25
Schneider Alex
Brigittenstraße 4
20359 Hamburg
Tel: 040 / 3 17 12 36
Termine nach Vereinbarung

Seite 26-29
Brunos Käseladen
Inhaber: Bruno Blockus
Schulterblatt 60
20357 Hamburg
Tel: 040 / 4 30 02 01
Mo-Fr 10-19 Uhr, Sa 11-16 Uhr

Seite 30-33
Lockengelöt
Die Gelötemanufaktur
Dennis Schnelting & Carsten Trill
Wohlwillstraße 20
20359 Hamburg
Tel: 040 / 89 00 13 26
www.lockengeloet.com
Mo-Fr 10-19 Uhr, Sa 11-16 Uhr

Seite 34-37
Original Veddel
R. Paulsen GmbH
Inhaber: Carsten Paulsen
Niedergeorgswerder Deich 56
21109 Hamburg
Tel: 040 / 7 54 44 95
www.original-veddel.de
Mo-Fr 8-18 Uhr, Sa 9-12 Uhr

Seite 38-41
Senator Watrin
Inhaber: Stephan Watrin
Marktstraße 29
20357 Hamburg
Tel: 040 / 43 18 47 53
www.senatorwatrin.de
Mo-Fr 10-19 Uhr, Sa 11-16 Uhr

Seite 42-45
Sweet Suburbia
British Department Store
Inhaberin: Sandra Peters
Eulenstraße 49
22765 Hamburg
Tel: 040 / 42 10 26 40
www.sweetsuburbia.de
Mo-Fr 11-19 Uhr, Sa 11-16 Uhr

Seite 46-49
Kaffeerösterei Burg
Inhaber: Jens Burg
Eppendorfer Weg 252
20251 Hamburg
Tel: 040 / 4 22 11 72
www.kaffeeroesterei-burg.de
Mo-Fr 8:30-19 Uhr, Sa 8:30-18 Uhr

Seite 50-53
Interiör
Design im Viertel
Inhaber: Carola Herrmann-Kaempfe,
Lars Kaempfe, Markus Emde
Osterstraße 164
20255 Hamburg
Tel: 040 / 86 68 74 57
www.interioer.de
Mo-Fr 10-20 Uhr, Sa 10-18 Uhr

Seite 54-57
Kräuterhaus
Inhaber: Marc Lenzen
Lange Reihe 70
20099 Hamburg
Tel: 040 / 24 93 56
www.kraeuterhaus-hamburg.de
Mo-Sa 9-20 Uhr

Seite 58-61
Männerträume
Inhaberin: Martina Topf
Papenhuder Straße 59
22089 Hamburg
Tel: 040 / 22 60 00 80
Mo-Fr 10-19 Uhr, Sa 11-16 Uhr

Seite 62-65
Musikkeller
Inhaber: Michaela und Günter Furtenbacher
Alter Steinweg 15
20459 Hamburg
Tel: 040 / 24 77 82
www.musikkeller.de
Mo-Fr 10:03-18:33, Sa 10:03-18:03 Uhr
und nach Vereinbarung

Seite 66-69
Mutterland
Inhaber: Jan Schawe
Ernst-Merck-Straße 9-11
20099 Hamburg
Tel: 040 / 28 40 79 78
www.mutterland.de
Mo-Sa 8-21 Uhr, So 10-18 Uhr

Mutterland Hanse-Viertel
Große Bleichen 36
20354 Hamburg
Mo-Sa 10-20 Uhr

Seite 70-73
Der Stuhl
Inhaber: Ina Klement und Gerhard Kaye
Eppendorfer Weg 2
20259 Hamburg
Tel/Fax: 040 / 4 39 89 57
Mo-Fr 14-18:30 Uhr, Sa 11-14 Uhr

Seite 74-77
Schüllenbach Eisenwaren
Inhaber: Aenne und Clemens Flagge
Budapester Straße 49
20359 Hamburg
Tel: 040 / 4 39 30 14
Mo-Fr 8-18 Uhr, Sa 9:30-13 Uhr

Seite 78-81
Bonscheladen
Inhaber: Andrea Bock und Uwe Sponnagel
Friedensallee 12
22765 Hamburg
Tel: 040 / 41 54 75 67
www.bonscheladen.de
Di-Fr 11-18:30 Uhr, Sa 11-16 Uhr

Seite 82-85
Hamburger Nähmaschinen-Haus
O.H. Schwidrowski Nachf., e.K.
Inhaberinnen: Gabriele Jaschinski
und Andrea Neubauer
Lange Reihe 61
20099 Hamburg
Tel: 040 / 24 70 25
www.naehmaschinen.de
Mo-Fr 9:30-18:30 Uhr, Sa 10-15 Uhr

Seite 86-89
Fleischerei Harms
Inhaber: Martina und Jan-Hermann Harms
Lehmweg 56
20251 Hamburg
Tel: 040 / 48 13 24
Di-Fr 8-13:30 und 15-18 Uhr, Sa 8-13 Uhr

Seite 90-93
Eppendorfer Haushaltsstübchen
Inhaber: Rainer Henning
Lehmweg 53
20251 Hamburg
Tel: 040 / 48 17 77
Mo-Fr 9-19 Uhr, Sa 9-16 Uhr

Seite 94-97
Hanseplatte
Eren & Klug GbR
Neuer Kamp 32
20357 Hamburg
Tel: 040 / 28 57 01 93
www.hanseplatte.de
Mo-Fr 10-19 Uhr, Sa 11-18 Uhr

Seite 98-101
Rosen Drogerie
Inhaberin: Marga Bauernfeind
Lehmweg 46
20251 Hamburg
Tel: 040 / 48 16 32
Mo-Fr 9-19 Uhr, Sa 9-16 Uhr

Seite 102-105
Tropenausrüster Brendler
Inhaberin: Ingrid Osthues
Große Johannisstraße 15
20457 Hamburg
Tel: 040 / 37 34 25
www.ernst-brendler.de
Mo-Mi 9:30-18 Uhr, Do-Fr 9:30-18:30 Uhr
Sa 9:30-16 Uhr

Adressen

Seite 106-109
Altes und Schönes
Inhaber: Stefan Kleinschmidt
Winterhuder Weg 110
22085 Hamburg
Tel: 040 / 22 73 97 32
Öffnungszeiten: Di-Fr 12-18 Uhr
Sa nach Vereinbarung

Seite 110-113
Heimat-Hafen-Hamburg
Inhaberin: Susanne Häußler
Hofweg 98
22085 Hamburg
Tel: 040 / 22 94 48 60
www.heimat-hafen-hamburg.de
Mo 14-19 Uhr, Di-Fr 12-19 Uhr
Sa 11-15 Uhr

Seite 114-117
Schuhreparatur Smolarz
Inhaber: Joachim Smolarz
Grindelallee 141
20146 Hamburg
Tel: 040/ 44 77 98
Mo-Fr 8-18 Uhr

Seite 118-121
Milchmädchen
Inhaberin: Irina Hultzsch
Lehmweg 47
20251 Hamburg
Tel: 040 / 83 98 10 22
www.milchmaedchen-design.de
Mo-Fr 11-19 Uhr, Sa 11-16 Uhr

Seite 122-125
Schlüter Fischhandel
Inhaber: Frauke und Jürgen-Ulrich Schlüter
Stellinger Weg 26
20255 Hamburg
Tel: 040 / 40 88 02
schlueter-fischhandel@t-online.de
Mo 8-13 Uhr, Di-Fr 8-18 Uhr, Sa 8-13 Uhr

Seite 126-129
Pfeifendepot Gerd Jansen
Inhaber: Gerd Jansen
Methfesselstraße 86
20255 Hamburg
Tel: 040 / 40 90 49
Di-Fr 10-18:30 Uhr

Seite 130-133
schweizweit
Inhaber: Stefan Caspers
Große Rainstraße 20
22765 Hamburg
Tel: 040 / 39 90 70 00
www.schweizweit.de
Di-Sa 10-24 Uhr, So 10-18 Uhr

Seite 134-137
Policke Herrenkleidung
Inhaber: Claus Burchard
Böckmannstraße 1a + 2
20099 Hamburg
Tel: 040 / 24 39 22
www.policke-herrenkleidung.de
Mo-Fr 9:30-19 Uhr, Sa 9-15 Uhr

Seite 138-141
Entwurf-Direkt
Inhaber: Per Schumann
Eulenstraße 81
22763 Hamburg
Tel: 040 / 39 80 57 89
www.entwurf-direkt.de
Di-Fr 11-18 Uhr, Sa 11-14 Uhr

Seite 142-145
Feinkost Meyer
Inhaber: Helga und Horst Meyer
Ditmar-Koel-Str. 22
20459 Hamburg
Tel: 040 / 31 40 38
Mo-Fr 6-18 Uhr

Seite 146-149
Otto Hatje Zigarrenmacher
Inhaber: Stefan Appel
Alte Königstraße 5
22767 Hamburg
Tel: 040 / 38 54 09
www.ottohatje.de
Di, Mi, Fr 10-19 Uhr, Do 10-21 Uhr, Sa 10-15 Uhr

Seite 150-153
Weihnachten
Inhaberin: Gerda Hüsch
Papenhuder Straße 57
22087 Hamurg
Tel: 040 / 2 29 96 46
www.gerda-huesch.de
Mo-Fr 10-19 Uhr, Sa 11-16 Uhr

Autor und Fotograf

Foto: Hermann Jürgens

Mathias Thurm, geb. 1949 in Bielefeld, arbeitete u.a. als Pharmazeutisch-Technischer Assistent in einer Apotheke und als Diplomsoziologe an der Freien Universität Berlin, bevor er sich 1988 als freier Fotojournalist selbständig machte. Von 1990 bis 2008 war er Mitglied im Berliner Presse- und Fotografenbüro „transit fotografie & reportage". Seit 1993 arbeitet Mathias Thurm in Hamburg, seit 2002 im ESpressO Journalistenbüro vor allem für Gewerkschafts-, Fach- und Firmenpublikationen. Schwerpunkte seiner Arbeit sind die Themen Alltag und Arbeitswelt. Seine Bilder und Reportagen wurden in zahlreichen Ausstellungen gezeigt und u.a. in ZEIT, taz, FAZ, FR, Welt, Süddeutsche, Spiegel und Stern veröffentlicht.

Impressum

Junius Verlag GmbH
Stresemannstraße 375
22761 Hamburg
www.junius-verlag.de

Text: Mathias Thurm
Fotografie: Mathias Thurm
Gestaltung: Britt Eggers
Satz: Junius Verlag GmbH
Druck und Bindung: Rasch Druckerei und Verlag GmbH & Co. KG

Printed in Germany 2011
ISBN 978-3-88506-462-6
2. Auflage 2011

Bibliografische Information der Deutschen Nationalbibliothek: Die Deutsche Nationalbibliothek verzeichnet diese Publikation in der Deutschen Nationalbibliografie; detaillierte bibliografische Daten sind im Internet über http://dnb.d-nb.de abrufbar.